生なる死

よみがえる
生命と文化の
時空

濱田 陽

Living Death:
Resurrecting
the Time-Space of
Life and Culture

Yo Hamada

ぷねうま舎

目次

第九章　生なる死　157

はじまりのはじまり

ある子どもが図鑑を読んでいる。そこには人の寿命がいろいろな動物と比べられている。いぬ、ぞう、キリン、カメ、くじら……。人はその間に並べられて、棒グラフでいつまで生きられるかわかる。魅力的な生きものたちの仲間になった気分で、ながめてみる。人はわりと長生きだ。もっと長生きのゾウガメやくじらがいることにも興味がわいてくる。

横長の長方形になっている棒グラフの外側はどうなっているのだろう。線のなかは生きている間、線の外は生きていないとき……。

ふと、外がどこまでも広がっていることに気づく。図鑑の開いている両ページの枠も超え、ぐんぐん拡張していく。どこまで時間、空間は広がっているのだろう。いつの間にかおそろしくなってくる。別の図鑑で、宇宙の年齢が記してあったことを思い出す。

この広がりのほとんどに自分は関係していない。宇宙空間に投げ込まれ、どこか知らない、自分のことが知られていない世界に迷い込んだかのように、こころの芯が冷凍される。

何かしなくては。ほんとうにしたいことは何だろう。宇宙に比べたら、人はわりとすぐに死ぬのか。胸さわぎがする。こころのなかで落ち着かなさが続く。

図鑑の両端をにぎりしめている子に、なんと言ってあげることができるだろう。本書はそのささやかな答えだ。先人や優れた研究者たちの成果を少しずつ結集して、分野をまたぐことで見えてきた洞察を、他で見られないようなかたちにして語っている。

まず、人生も動物たちのそれも、長方形の図形のようなものではない。

時間や空間が先にあるのではなく、わたしたち自身が、今、生きていることが、ある意味で、それぞれに時間や空間なのだ。けれども、人は、正確さを競う時間、空間をつくり出して、都合が良いから、あたかもそれが一つであるかのようにしている。（第一章）

ただ、図鑑に描かれているような、一つのものさしで寿命をくらべられる時間、空間ばかりではない。生きものも、人も、もっといろいろな時間、空間を生きてきている。（第二章）

人工知能や、お米、新型ウイルス、変身する龍など、じつに多彩な話題が、時空に関わりがある。（第三、四、五、六章）

毎日のカレンダーや、わたしたちの名前、人生にも。今度くる新しい年はもちろんのこ

と。（第七、八章）

今より楽しいことやつらいことがあるかもしれない。そんなときに、生きていることについて、さらに考える。（第九章）

人は何、わたしとは何ということを、合わせて考えるだろう。（第十章）

わたしたちのこころも、小さな子とそうは変わらない。わたし、という不思議を抱えている点で人工知能より互いに似ている。

小さな子も、わたしたちも、それぞれの時空を生きている。動物たちも、植物も、小さな目に見えない生きものも。そして、それら、限りなく豊かな多様性の時空の、一つひとつが、この不思議な世界において、出会い、関係し合っているのだ。

子どもたちを前にした読み聞かせでは、はじまりはじまり、という。ほんとうにこれから何かがはじまる、はじまった、はじまっている、という意味だ。

現在をピンセットのようにとめてしまうことはできない。ある時空に過去、現在、未来を示せるのは、そのようにわたしたちが、こころを、身体を動かすからだ。

このはじまりのはじまりを生きているわたしたちに、過去も未来も、いつも伴っている。動きながら思いをはせる。過ぎたことが、今を動いているこころのなかで、記憶や目の前の記録によって迫ってきて、これからの出来事につながっていく。

はじまりのはじまりは、動くわたしたち自身だ。だからこそ、小さな子も、わたしたちも、自分のこととして、この声を聴ける。

はじまりはじまり!

第一章
存在と時空

Being and Time-Space

一 わたしの時空

わたしたちの多くは、自分が日々、この瞬間、瞬間を重ねている関係のあり方、関係性を、それ自体、時間、空間であるとは考えていないだろう。しかし、この動く関係性こそが、わたしたちそれぞれにとっての時間、空間なのだ。これら、わたしの時間、わたしの空間をまとめて、わたしの時空、と呼ぶことにしよう。

わたしたちがあらゆる存在に関わるとき、そこに、このわたしの時空が立ち現れる。時間、空間を動く関係性ととらえれば、わたしがわたしの関係性を生きるとき、そこにわたしの時空が生じてくる。

これは、どういうことだろうか。

なんとなく一つの均質な流れだと思っている時間、一つの均質な広がりだと考えている空間そのものも、じつは、人自身による、ある特殊な関係性からつくられている。もし、この時間、空間をただのつくりものと片付けるのでないなら、同じく人であるわたしの時空も、取るに足らないものと退けることはできないはずだ。わたしたちは、常に、自分自身の関係性を生み出し、つくり出しているのだから。

二　統一時空

統一時空と多様時空

一つの流れに思えている時間、一つの広がりと考えられている空間が、人によってつくられているものだとは、どういうことだろう。そのような一つの時間、一つの空間を、一つであること、可能なかぎり統一することを志向している、という意味で、統一時間、統一空間、まとめて、統一時空と呼ぼう。

統一時間は、ある特定の原子群にレーザー光を当て、そのエネルギー準位の変化がきわめて正確な等時性を示すことを利用し、一秒をつくり出す原子時計に依存している。世界各国の原子時計の時刻を、重要度に応じ加重平均して国際原子時（ＴＡＩ：International Atomic Time）を求め、それに地球の運動のゆらぎによるズレを考慮して定期的に補正し、協定世界時（ＵＴＣ：Coordinated Universal Time）を設定、人の活動とそのつくり出すあらゆる機器を、これに合わせることを推奨している。

わたしたちと統一時間との関係は、同期《シンクロナイズ》（synchronize）し、その制御《コントロール》（control）を利用したり、わたしたち自身も制御を受けたりすることだ。等時性はできるかぎりの精度で同じと見なせる物理現象の反復に基礎を置いている。なぜなら、それがなければ、等しさを測ることはできないから。もし、ある特定の原子がこの特徴を示すなら、きわめて精巧な「振り子」として利用できる。

一方、人が太陽や月のリズムを頼りに生活するときは、むしろ、アバウトなリズムが大切だ。わたしたちはゆらぐリズムで生きている。手をたたくとき、足踏みするとき、拍子をつけて歌うとき、くりかえしであってもアバウトだ。心臓、呼吸は、原子が出す周波数のような等時性では成り立っていない。人は動きながら自然界の様々なもの、とりわけ、太陽、月、地球（大地）と関係し、その関係性から汲み取る、多様でゆらぎのあるリズムによって生きてきた。それがそのまま時なのだ。わたしたちのまわりは、こんなにも生きたリズムに満ちている。

統一空間としては、原子時計でつくる統一時間を用い、全地球測位システム（ＧＰＳ：Global Positioning System）が実現されている。それは、高精度の等時性によって測る、不変の速度をもつとされる光の運動からつくられる。その基本は直線運動とされ、重力の影響によって曲がるが、相対性理論で補正できる。これは、統一時間を目盛りとして用い、光の運動の軌跡に割り振ることで、同じと見なせる物理現象の反復を仮想的に遍在させることだ。

他方、本来、生きものは統一時間に合わせることはない。自然界の様々なゆらぐリズムの多様時性のもとで、生きもの自身がそれに呼応するゆらぐリズムをもって、多様時間を生み出し続けている。

また、生きものの動きは、ゆれる速度、すなわち多様速度で、向く方向は、様々な存在との多様関係性で成り立ち、多様時間とあいまって、多様空間を生み出し続ける。多様時間と多様空間は、多様時空として、一つひとつがユニークな現象として、生きものが活動する、その都度、生起し続け、現実に局在している。偏りをもって展開している。

わたしたち人も生きものの一員だ。この多様に現れる時空を仮想とみなすならば、統一時空はなおさら仮想であることが明らかだ。わたしたちが固有に経験する時空には、性格の異なるリズム、時性、速度、方向が生起しているが、統一時空は、等時性、等速度、統一を志向する方向によって、つくられている。

わたしの時空も、ゆらぐリズムの多様時性、多様速度、多様関係性の方向による動きによって生じる。わたしたちは様々なリズム、動きによって、様々な存在と関係をもって生きている。複雑で、わかりにくいけれども、そのリズムと動きそのものが、固有の時空を生み出し続けている。

わたしたちは、何かと関わらないでは一秒にせよ、年月日にせよ、時間というものを確かめることはできない。そして、何らかの存在の動きなしでは、空間というものを確かめることはできない。

統一時空の仕組みと創出

一秒は、一九六七年、セシウム一三三原子群にレーザー光を当てて得るマイクロ波の周期の九一億九二六三万一七七〇倍として定義され、国際単位系による時間の基本となった。

一メートルは、一九八三年、光が二億九九七九万二四五八分の一の原子秒間に進む距離と定義された。

原子、レーザー光、原子時計の機構装置、かけ算に用いる数、そして、それらを扱う人自身が関わり、一秒がつくり出され、その一秒に、移動において速度不変とされる光、割算に用いる数、光の計測器に、それらを扱う人が関わることで一メートルがつくり出される。これらの存在と関係性がなければ、一秒も、一メートルも現れてくることはない。

そもそも一秒も、一メートルも、人の活動を基準にして、都合の良いよう考え出されたスケールの単位《ユニット》だ。セシウム一三三原子や光の基準では、大きな数のかけ算や割り算は必要ない。

人は力わざで、高精度の等時性を示す時間、均質な移動距離で占められる空間を求めてきた。そして、自らの周囲に統一時空の網を張りめぐらすようになった。

近年では、セシウム原子時計以外にも水素メーザー原子時計が併用され、さらに、宇宙年齢一三八億年で一秒も狂わないストロンチウム光格子時計など、次世代型原子時計が次々に開発され、実験、応用研究が推進されている。

現代文明のプラットフォーム

現代では、時間を得る基盤として十二支も、太陽も月も、地球でさえ、第一義ではない。人が原子と光を材料に装置を用い、かけ算で処理して一秒がつくられる。

この一秒から、かけ算して一分、一時間、一日、一月、一年を得る。

それから、この原子時間を用い、等速直線運動するとされる光の電波を四機以上の人工衛星で送受信して計測し、重力と運動の効果によって生じる時空のゆがみをアインシュタインの相対性理論で正確に補正して、空間をつくり出す。これによって全地球を覆っている。きわめて高精度の等時性を示す原子のふるまいと、太陽と関係のない電波の光によって人工的につくられる統一時空を用いなければ、もはや、わたしたちのスマートフォンやスーパーコンピュータ、人工知能（AI）を正確に動かし、ヴァーチャルとリアルの経済を成り立たせることができない。ごくわずかな時間、空間の差が、莫大な経済的損失やナビゲーション・システムの混乱につながってしまう。

人は統一時空を一つの時間、一つの空間として統合しようとしてきた。測定と演算によって統一を図ろうとしてきた。

	統一時空
内容	人と原子、光、数、装置（原子時計、GPS衛星等）の関係性から得る、同じと見なせる物理現象の反復とその仮想的遍在
特質	志向される統一性
性質	高精度の等時性と光の等速直線運動を基礎とする作図（自然法則の不変性に依拠）
理解	演算（加減乗除の四則演算や相対性理論のような高度な方程式の適用） ＊かたいイメージ
目的	同期（synchronize）、制御（control）

時差などはあるが、足し算、引き算によって行き来することができ、運動や重力によって生じる時空の伸び縮みすら、相対性理論を適用してコンピュータで自動的に計算、補正させ、統一的に活用可能で、その意味で一つとみなせる時空である。

特徴は、特質としては統一を志向して一つのみと観念されることを理想とし、性質としては自然法則が不変であるという前提に依拠していること、理解は演算によってなされ、かたいイメージを与えることだ。

わたしたちはこの時空に、自らが合わせる。同期する。誰もがそれに合わせると、今度は可能なかぎり、あらゆる対象をマッピングして制御することができるようになる。

これは非常に便利な時空だが、わたしたちは、もともと自然から与えられたものと錯覚してしまう。たとえば、数直線で、タテヨコ高さで作図したような無味乾燥な均質な空間が広がっており、均質な時間が流れている、そこに自分は生まれ落ちたのだというように。

しかし、これは幻想だ。均質な統一された時空。それは、人がつくり出し続け、メンテナンスし続けていかなければ維持できない。原子時計は機械であるから、セシウム一三三原子群がレーザー光を当てることで枯渇すると約五年で使えなくなり、新たな充塡《じゅうてん》が必要になる。

通貨・資本のメタファー

さて、現代文明の内奥にさらに足を踏み入れると、通貨・資本は、ある意味でこの統一時空のメタファーとしてとらえることができる。

それは統一時間を象徴している。まず、統一時間で労働時間が計られる。通貨・資本によって労働の交換価値（時給）が示され、それに労働時間をかけて、全労働の価格が決まる。時給が同じなら、統一時間で計られる労働時間だけで価格が定まり、これも通貨・資本で示される。つまり、統一時間が通貨・資本で表されていることになる。時間がお金で買えるのだ。

また、それは統一空間を象徴している。統一空間で土地の空間が計られる。通貨・資本によって土地の交換価値が示され、それに土地の空間の広さをかけて、全体の土地の価格が決まる。土地価格が変わらないなら、統一空間で計られる土地の広さだけで価格が定まり、これも通貨・資本で示される。つまり、統一空間が通貨・資本で表されていることになる。空間もお金で買える。

　このように、通貨・資本は統一時空のメタファーとして作用し、統一的に制御できる関係性を通じて、あらゆるものに影響を及ぼす。一定の額を見るだけで、わたしたちは確定された労働時間や土地の広さを思い浮かべるようになる。通貨・資本は、統一時空を利用し、それを囲い込んで、人や事物を制御する。存在の関係性を制御、管理、支配する近代の魔法がこうして可能になっている。

　ドイツの作家ミヒャエル・エンデは『モモ　時間どろぼうとぬすまれた時間を人間にとりかえしてくれた女の子のふしぎな物語』（一九七三年）で時間をテーマにしたが、空間についても、同じことがいえる。いつの間にか、時間どろぼうのみならず、空間どろぼうが暗躍しているのだ。

　そこから救われるには、エンデが示してくれた時間の花だけでなく、モモがうたうことで、時間の花を表現できたような、広がりのある実践が必要だ。つまり、わたしたち自身が、人や土地、その他の存在と関わるリズム（時間）と動き（空間）にゆらぎを発見し、相互に自由と調和の関係性を取り戻さなければならない。

統一時空の秘密

　先に見たように現代文明では、その時空の根幹は原子時の一秒で、この一秒に光速度をかけ、距離、空間を導き出す。原子時計は、セシウム一三三原子群にレーザー光を当て、その原子のエネルギー準位の変化が超高速でありながらきわめて正確な等時性を示す物理現象を、一種の振り子に見立てて利用し、この一振りの間隔を九一億九二六三万一七七〇倍して、一秒をつくり出している。

たしかに、時空とは何かという難問については様々な答えが提示されてきているが、その究極的な謎は解かれるにいたっていない。しかし、現代文明のテクノロジーが依拠する時空が、いかなる時空なのかについてなら、その秘密は明白だ。

それは、この時空が人知によってつくられたものにすぎないという事実である。天然の原子や光のように人が現れる以前から存在していたものではない。

自然等との関係性を活用し、導き出す時間の歴史をふりかえってみると、日時計、水時計、砂時計、機械式時計、振り子時計、水晶《クォーツ》結晶板時計等を用いた時計の時間、月と太陽を地球でながめて得る天文時間、雪解けや開花などから春の到来を知る自然暦など、人が様々な時間をつくり続けてきたことに思い当たる。人類最古の時計とされる日時計の時間と原子時計の時間との違いは、太陽と月と大地と立てる棒を用いるか、セシウム一三三原子とレーザー光と原子時計を用いるかの差であって、時間をつくるという意味では同じ営みだ。

しかし、日時計は光が遮られてさえいなければ、誰でも好きな場所に棒を立てて時間をつくり出せる。原子時計はそうはいかない。その技術を有し、時間を定める権限をもっていなければ、時間をつくり出すことはできない。

原子時は自らが主体的に生み出せるものではない。日時計の時間は大多数にとって直接経験となりうるが、原子時計の時間はどこまでも間接経験にとどまる。その結果、わたしたちは、必ず自らの方から合わせて行動すること、同期することを要求され続ける。

さらに、原子時、光（電波）、四機以上の人工衛星、相対性理論で任意の地点を特定し、他の存在を測る仮想空間をつくり出す。実際にＧＰＳはそのように運用されている。

統一時空には、時空をどこまでも統一し、それによって様々な存在を制御しようとする強固な意思が貫かれている。人はこれを利用することで、気づかずして足並みをそろえている。ＧＰＳと iPhone も同期しており、今のところ、世界一の影響力をもつ原子時計群を管理、運用するアメリカ海軍天文台をワシントンに擁する米国政府が、もっとも大きな時空制御力を保持しているといっていい。

だが、それはあくまで統一を志向し続ける時空であって、完璧な統一が実現しているわけではない。原子時計と人工衛星の国際開発競争は常に繰り広げられ、人工衛星には耐用年数があるばかりか、数千万年に一秒の誤差とされる一次周波数標準器に認定されるほどの原子時計でも、継続運用可能期間はすでに述べた理由から五年ほどだ。

また、協定世界時が依拠する国際原子時はリアルタイムでなく、七十カ国以上が保有する約五〇〇〇台の原子時計のデータをパリ郊外の国際度量衡局（ＢＩＰＭ：Bureau International des Poids et Mesures）に送り、その重要度に応じた加重平均で求めて一カ月後に通知する手順をくりかえすもので、定期的なメンテナンスが欠かせない。すなわち、協定世界時も、それに準拠する各国の国内標準時も、常に計り直し、調整、再設定することで維持されており、空間測定もこの影響下にある。

二〇二〇年度の国際原子時を求める原子時計の寄与率では、研究機関ごとに、1 アメリカ海軍天文台USNO（二五・三八四パーセント）、2 ロシアSU・時空間計測研究所等（一一・二四四パーセント）、3 中国科学院国家授時中心NTSC（六・八七三パーセント）、4 中国計量科学研究所NIM（六・二二二パーセント）、5 スウェーデン国立試験研究所SP（六・一三〇パーセント）、6 日本・国立研究開発法人情報通信研究機構（東京都小金井市）NICT（五・一七四パーセント）、7 フランスF・パリ天文台（四・九一二パーセント）、8 アメリカ国立標準技術研究所NIST（三・九六八パーセント）、9 ドイツ・物理工学研究所PTB（三・五九三パーセント）、10 フィンランド・国立計量研究所MIKE（三・三一二パーセント）であった。

国別で見れば、アメリカの二機関で三〇パーセント弱の一位、中国の二機関で一三パーセント強の二位、以下、ロシアが三位、スウェーデン四位、日本五位、フランス六位、ドイツ七位、フィンランド八位となっていた。

アメリカが突出しているが、中国が躍進してロシアを追い抜き、日本は後退していることなど、統一時空を支えるシステム自体のゆらぎがわかる。

三　人の時空と五つの存在

わたし、人、生きものが存在しない時空

果たして、人との関係性、人による関心なくして、いかなる時空がありうるのだろう。そのような時空に関心をもつわたしたち人とは、そのような時空とは何だろうか。

人は、自分、人そのもの、生きもの自体が関係しない、存在しない時空を想い描く心的傾向を有しているようだ。自分が生まれる前、死んだ後を、リアルな時間や空間であるかのように想い浮かべる。自分という存在とほとんど関わりがないものとして、世界、宇宙を感じる。さらには、人という種が現れる前、絶滅した後を考える。自分が生まれる前の時代、自分が死んだ後の未来、人が登場する前の生命や地球の誕生、宇宙の始まりとされるビッグバンまで。あたかも、自分の存在よりもたしかなものとして、感じられてくることがある。

それればかりではない。SNSも、学校、職場も、それらが自分が関わる前と、関わった後にも存在していることを、直接、知っているように思ったりする。まるで、自分の存在を消して、劇場の舞台をながめているかのように。

そう、わたしたち人は、自らが登場する前、退場した後の時空を思い浮かべる能力に長《た》けて

いる。この能力が、統一時空をつくり、運用することを可能にしている。思えば奇妙でもある。数えきれないほど多くの人びとが、自分が登場する前、退場した後の世界を、人が存在する前、絶滅した後の世界を思い浮かべ、それすら、一つの世界、宇宙のイメージで描かれることが多く、多元世界《パラレルワールド》で語られることは少ない。まるで、自分や人という種そのものを犠牲にしても、一つの世界が存在していてほしいかのように。

しかし、この傾向が、また、孤独や怖れを招きもする。自分が抜けた友人の輪、SNS、卒業し疎遠になった学校、退職した職場は、自分と関係なしに存在している。人という種が絶滅した後も宇宙は存在する。自らが関わらなくても存在するものがある。ときに、それは当たり前の事実に思え、わたしたち自身を苦しめる。

この、自らが関わらなくても済んでいる世界を、わたしたちはいたるところに認識する。自分不在、人不在の世界が、自ら、人によって考え出され、維持される。こうして、自分が関わってこその世界が後景に退いていく。

自らがその生成に参画していない時空の典型例が、統一時空だ。自分に関わりのないところで創出、維持され、わたしたちは、ただ、同期し、その制御を利用し、また、自らもそれに制御されている。

人の文化、文明と五つの存在（自然、生きもの、人、つくられたもの、人知を超えるもの）

しかし、人の文化は、自分とまったく関係のないところの所産ではなく、わたしも関係しうる、先人の関係性によって生じた事物の積み重ね、継承ではないか。だからこそ、わたしたちは、人の文化に関心をもてるのではないか。

わたしたちは意識せずとも、様々な事物と関わっていく。そして、関わる対象をあるイメージでとらえ、言葉を与えることもするようになる。

無数のイメージが、浮かんでは退く。そうするなかで、五つの観念がそれぞれのまとまりをもって、定着を見せ始める。それらの観念を命名すれば、自然、生きもの、人、つくられたもの、人知を超えるものと呼べるだろう。

常にこの五つのまとまりで心象風景を整理しているわけではない。それでもこれらは便利な観念であり、言葉として、わたしたち人の、今日にいたる多様な関心と活動領域をシンプルにカバーしている。現実に一人ひとりがもつ、何らかの事物との関係性、そこから生じるイメージ、言葉は、きわめて多様で、複雑だ。しかし、そこで起きていることを整理、理解しようとするとき、手がかりにできるような、まとまった観念や言葉をわたしたちは求める。それをここでは五つの存在としてとらえてみよう。それが、自然、生きもの、人、つくられたもの、人知を超えるものだ。

ここで、人の文化を、人自身と五つの存在（自然、生きもの、人、つくられたもの、人知を超えるもの）の関係性、及び、そこから生まれ、継承されることのある事物、として考え、さらに、文明を、広範な影響力をもつようになった文化、としてとらえておこう。

こうすれば、広い視野で文化の多岐にわたるテーマに想いを寄せ、同時に、文明についても意識しながら、考えを深めていける。

動く関係性

この世界には、様々なリズムや動きがある。極小のレベルからきわめて大きなレベルまで、素粒子から銀河まで。きわめて正確なリズムや波長、速度による移動もあれば、ゆらぐリズム、波、運動もある。そして、何を、どこから起点にし、関係を認識し、また、生み出し、つくり出すかによって、時間も、空間も、描かれ方が異なってくる。

人が、常にその活動によって、ゆらぐリズムと変化する動きによって、他なる存在との関係性によって、それぞれの時空を生成し続けているなら、そういう、動く関係性をいかにとらえればよいだろう。

わたしたちは、一つの時空というプラットフォームで、舞台の上で、それぞれに役割を演じているだけではない。わたしたち自身が、それぞれに多様なプラットフォーム、舞台そのものでもある。

では、そういう自身は他の存在と、どう関係するのだろうか。

関係性とは、とても幅広い意味を含む言葉だ。一言で、関係性といっても、これほど複雑で、深いものはない。人と人の間ですら、様々な関係性がある。しかし、すべての関係性をフラットにながめてみれば、一つの関係性だけを特権化、硬直化しない視界が開けてくる。わたしたちは多くの場合、無自覚な関係性のなかにいる。

この世界は、様々なレベルの関係性の束で成り立っている。それを観察、実験、シミュレーションによって確かめ、その結果をもとに、仮説を立てることもできる。関係性の束に、人による観察、実験、シミュレーションによって向き合う。ただ、わたしたちは、科学者でなくとも、生活のなかで「観察」し、同じ行為をくりかえして試すときには「実験」しており、状況を仮定してこころのなかで「シミュレーション」することがある。それらの経験を通じて、自分なりに世界の見方を得、仮説を立てる。科学者、研究者と異なるのは、それらの観察、実験、シミュレーションが、独自のゆらぎを含み、一人ひとり、異なった結果が生じることだ。

これに対し、科学は、多くの場合、統一された観察、実験、シミュレーションの結果を得ようとする。そのため、科学的営みは、普遍性や汎用性を目指す一方、個別性や独自性を犠牲にすることにもなる。

わたしたちには、汎用性の高い科学も、個々の人としての経験も、いずれも大切だ。この世界は、わたしたち一人ひとりを含め、関係性の束として展開しているのだから。

人の能力、判断、作用と五つの存在性（自然性、生命性、人間性、作為性、超越性）

人は誰もが共通に使えるような関係性を求めて統一を志向する時空をつくりあげた。その一方、多くの人が、一人ひとりが時空の源であることを忘れ、統一されていない時空の、不思議さの感覚を失ってきてしまった。わたしたちは常に、何かに合わせることを強いられている。

しかし、すべてを合わせようとしても、合わせきれない感覚が残る。

わたしたちは、概念だけで時空をとらえているわけではない。わたしたちにとって、自然、生きもの、人、つくられたもの、人知を超えるものも、概念として積み上げた言葉ではない、心身に響いている言葉だ。そして、このわたしは不思議なそれらと、込み入った関係性を生きている。そこに、自分自身の時間も、空間も現れてくる。こうして現れる時空を、統一時空と並べ、比べてみよう。忘却されているいくつもの時空と、統一を志向され続ける時空の、両方をながめてみよう。

そうすれば、時空が、無味乾燥な、均一、均質なものだけと考えることはどうしてもできない。均質に見えるものの根底にある虚構性を明るみに出さざるをえない。

そうしなければ、自らの人生、数々の文化が、ただ無味乾燥な統一時空の網にマッピングされた存在であるかのように思えてしまうからだ。

そうではない。ひとりの人は、その人ならではの時空を生きている。人と人の出会い、関わりは、時空と時空の出会い、関わりだ。時空を動く関係性ととらえれば、自ずと開かれてくる世界観である。

わたしたち人は、今日、特有の包容力をもつ観念を使うようになっている。それが、自然、生きもの、人、つくられたもの、人知を超えるもの、の五つの存在だ。なぜ、これらの観念を使っているのだろうか。現代のわたしたちの文化、文明は、これら五つを使うことによって、表現されることが多い。各存在領域をバラバラに分断せず、同時に感じ、考えることでこそ見えてくる世界があるからだろう。

わたしたちは、いかにして、五つの存在を、それと認めるのだろう。

ここで、人の知性、感性、意思等の能力によって把握しうるという特徴を自然性と名づけ、これを中核とする存在を、自然、逆に、それらによって把握しえないという特徴を超越性と名づけ、これを中核とする存在を、人知を超えるもの、と呼んでみよう。

また、わたしたちが、生命とみなし、判断する特徴を生命性と名づけ、これを中核とする存在を、生きもの、そして、人とみなし、判断する特徴を人間性と名づけ、これを中核とする存在を、人、と呼ぶことにしよう。

さらに、人による物質的、精神的な作用、つまり、人為が施されている特徴を作為性と名づけ、これを中核とする存在を、つくられたもの、と呼ぼう。

このように見れば、わたしたち人は、自身の能力、判断、作用によって、存在をとらえていることがわかる。人の能力が及ぶ範囲、逆に及ばない範囲、また、人がいかなる判断をするか、さらに、人がどのような作用を及ぼすかによって、様々な対象にふさわしい観念が浮かび上がってくる。しかも、わたしたちが人の能力、判断、作用をどのように考えるかによって、五つの存在の観念の中身も変わる。

そして、科学研究を通じて、わたしたちの共通認識、その普遍性、汎用性を求めていく場合と、わたしたちの一人ひとりが、個人の経験として、認識を積み重ねていく場合がある。

一人ひとり、自然、生きもの、人、つくられたもの、人知を超えるものに対する認識、経験が異なっている。その認識、経験自体が、常にゆれ動いている。科学研究は、統一的な単位、ツールを用い、より一般的な認識、経験を得ようと努める。他方、わたしたちは人として、五つの存在に独自の認識、経験を得、それらをも重んじようとする。個人として、そのリアリティをもちながら、科学に対してはより普遍的な認識、経験を期待し、それらに関心をいだいている。

これら五つの存在について、わたしたちは、一方で統一的な知見、概念化による定義を求め、他方で、個人の生活のなかで、私的な知見、一定の自由度を有するイメージ、観念をもち続ける。この両方の営みから、わたしたちの文化は形成されている。

個人としては、何を自然、生きもの、人、つくられたもの、人知を超えるものとみなしているのだろうか。逆に、何が、個人としてのわたしたちの前に、五つの存在として立ち現れ、観念されてくるのだろうか。それらについて思いをはせるとき、一人ひとりが微妙に異なっている。

わたしたちは、何を人と考えるかについて、公的な科学的、倫理的議論が必要であるとともに――人権の範囲や人工妊娠中絶の問題などが想起される――、具体的に、人にどのようなイメージをもち、どのように接するかという人間観や人との関係のもち方については、個人としての多様性を有している。公的に、あらかじめ統一的な認識が得られるわけではないが、一致を求めて、議論や研究が続けられる。他方、個人の人間観、関係性は、他者の人権や公共性を損なわない範囲で、多様性が認められる。

同じことは他の存在についてもいえる。

わたしたちは、自然、生きもの、人、つくられたもの、人知を超えるものについて、多様な見方、認識、経験をそれぞれに積み重ねている。

これらの事実を確認するのは、ただ多様性を強調するためではない。必要な一致を志向することと、多様性を重んじること、そのいずれもが欠かせず、これらの間に、いかなるバランスを見出すことができるのか、という問題に意識を向けておきたいからだ。

なお、人知を超えるものは、一般的な科学の研究対象ではないが、人の能力で把握しうるものと、しえないものの境界は絶えず変化しており、科学は、人の能力によって把握しうる自然の領域を、人知を超えるものの領域を前提にしつつ、広げていこうとする営みともいえる。人の文化、文明は、この領域にユニークなこだわりを見せながら、おそらく数万年を展開してきており、世界の様々な宗教文化伝統や多くの文化遺産も、この存在の領域を前提に築かれてきた。文化、文明を考察する人文学においても欠かせない存在である。自然と人知を超えるもの、自然性と超越性を、人の能力との関係で対照的な存在、存在性と考えれば、宗教、人文学、科学等を、いずれも、人による営みとして広い視野でとらえることができるだろう。

ここに挙げた自然性、生命性、人間性、作為性、超越性の特徴を、五つの存在性と名づければ、自然、生きもの、人、つくられたもの、人知を超えるものの五つの存在は、それぞれが、中核とする存在性を有しつつ、他の存在性も、度合いに応じて関連して有する様相によってとらえられる。

つまり、五つの存在は、互いに重なりを有し、その間には、事前の明確な境界はなく、観念する立場の違いによってグラデーションになっている。

人は、自然でもあり、生きものでもある。生きものは自然でもある。そして、人と人でない生きもの、生きものと生きものでない自然との間は、わたしたち自身の認識、経験によって異なり、変化していく。

通貨・資本の新定義

さて、わたしたちが展開していく、動く関係性に生じる存在と時空を論じる立場からは、近代以降の資本主義における通貨・資本とは、五つの存在（自然、生きもの、人、つくられたもの、人知を超えるもの）とその関係性を統一時空に同期させ、その制御から得られる効果を観念し、抽象化して数値で示したもの、と定義できるはずだ。

統一時空そのものは増殖しない。通貨・資本の総体が増えていくのは、統一時空ゆえではなく、統一時空が触媒のように作用して、五つの存在と、その関係性を直接、制御するアイデアを可能にし、そこから、使用価値と交換価値を引き出してくるからだ。

この立場からは、あらゆる存在とその関係性が、潜在的、原理的に数値化によって同期、制御可能となる。神のような存在と人の関係性にすら価格をつけ、その権利が売買可能である。

しかし、この行き過ぎを制限するには、資本主義、統一時空の外部に立てばよい。わたしの時空、そして、第二章で考察する、生命と文化の時空の立場に立つのだ。つまり、統一時空以外の時空に気づき、認め、わたしたちの間でそれを生かす方途を考えることで、資本主義に一方的に制御されるのではない、対処の道がひらけてくるだろう。この大きな課題については、別の機会に展開してみたい。

わたしの時空と人の時空

わたし自身の動く関係性により立ち現れるわたしの時空に対して、人の時空を人により立ち現れる時空とするならば、その重なり合いや違いはどうなるだろう。

わたしの時空では、この瞬間、瞬間に、わたしが主体的に関係していることを、いつも手放さない。人の時空については、人が五つの存在とユニークな関係性をもつことで、そこから立ち現れるあらゆる時空のかたちを、そうとらえることにしたい。

わたしが人であるかぎり、わたしの時空は、人の時空ともいえる。しかし、人の時空が、わたしの時空でないことは多い。

たとえば、わたしの時空には、統一時空は入らない。けれども、人の時空には統一時空も含まれる。それは、特定の技術者、権力者、制度によって生み出され、人の文化、文明で維持され、発展がはかられてきているからだ。もっとも、統一時空では、人の存在は後景に置かれ、その作為性について意識されないことが暗に求められている。

だが、人の時空についてさらに考えれば、統一時空だけでなく、人の能力、判断、作用によって観念される五つの存在との関係性から、立ち現れる豊かな時空をとらえ、再認識することができる。

人が、原子、電波などのレーザー光を含む光、装置、数学的演算だけで時空をとらえるようになったのは、比較的最近のことだ。統一時空は、人が、自然の原子、光、つくられたものは原子時計、人工衛星、数学的演算だけを用いて、つくり出している時空だ。この場合、数学を人の精神的行為から生まれたもの、ととらえている。

けれども、本来、人は、もっと様々な自然、生きものとの関わりで時空をとらえ、文化を形成してきた。そのときにも、わたしという主体性を働かせたり、わたしを抑え、他の存在との関係性からあらかじめつくられた時空に、自らを同期させたりもしてきた。

それだけではない。人は、人という存在を抑え、他の存在間の関係性を、自在に思い浮かべるこころの働きをもっている。

なかでも、自然そのものの関係性、自然と生きものの関係性を想起し、人も生きものも存在しない宇宙の誕生、また、人が存在しない生命の誕生と進化について、人自身が、自然、生きものを観察し、関わることで描き出すという、他の生きものがなしえないことまで行っている。そのようにして得た時空の知識も、文化として後世に伝える。わたしの時空ではないが、人による時空を、こうして多彩に認識することができる。

そうした、人の時空のなかで、次の章では、生命の時空と文化の時空について、考察してみよう。

人が観察しなくても、自然、生きものは、それぞれに関係し合っている。自然、生きものの関係性は、人の認識、経験の外部でも、常に生じ続けているだろう。もちろん、これも、人であるわたしたちが、そう考えているのだ。ただ、だからといって、わたしたちの考えがなくなれば、自然、生きものの関係性もなくなる、ということはいえない。その関係性を、人なりに、とらえることができなくなる、ということだ。

だから、人がとらえられない、自然、生きものの関係性について、そのような、現時点での人知を超える領域に、謙虚にこころを開いておくことが大切だ。そして、人がとらえようとするものは、人としてのバイアスが必ず入ってきてしまうことも自覚していたい。

その上で、わたしの時空、人の時空の両方を意識しながら、統一時空と異なる、生命の時空、文化の時空について、考えてみよう。

第二章
生命と文化の時空

The Time-Space of Life and Culture

一　ゆらぐリズムと変化する動き

わたしたちの、様々な存在との関係性は、調和《ハーモナイズ》(harmonize)、自由《アクト・フリーリー》(act freely) に結びつかないことも多い。

等時性、等速度性を示す自然現象との関係性を得ることによって、原子と光の物理的性質を基盤として、人は統一時空をつくり出している。

一方で、わたしたちは、ゆらぐリズム、変化する動きをもつ様々な存在との関係性を、自ら得ることで生きている。自らもゆらぐリズムと変化する動きをもち、それぞれの存在と関係することで、わたしの時空を生み出しつつ、生きている。わたしたちは、同期なしには、あらかじめ定められた時間、空間に放り込まれているわけではない。

ゆらぐリズムは多様時性、変化する動きは多様速度、多様関係性の方向を特徴としている。あらゆる存在のリズムと動きと関係性の秘密は、時空の秘密より、さらに奥深いものだ。その秘密の前では、わたしの時空も、まだ、わかりやすさがある。わたしたちが生きることで、常に描き出している時空の軌跡は、テクノロジーの機器を操作することでつくり出している統一時空とは異なり、本質的にリアルなものであるはずだ。

わたしたちはゆらぐリズム、変化する動きによって生き、他なるゆらぐリズム、変化する動きと関わり続けている。

一人ひとりと、各存在との間には、あらかじめ均質な時間、空間が広がっているわけではない。関係性、そして、その裂け目に口を開ける深淵が広がっている。

このような世界で、人は、統一時空をつくり出し、自らと様々な存在とを、同期させることで制御しようとしてきた。そして、均質な時空を想像して、リアルな時空のできるかぎりの近似とみなそうとしてきた。

ところが、今、わたしたちは、様々な存在との関係性を、新たな視座によって受けとめ直す必要に迫られている。一般に環境問題は自然と人、社会問題は人と人の関係と考えられることが多いが、もっと広く、自然、生きもの、人、つくられたもの、人知を超えるものとのトータルな関係性を、根本から見直さなければならない。

そのためには、自らの関係性を、その固有性と尊さを、あらためて理解し、受けとめることが必要だ。わたしたちが関係するのは、抽象的な自然、生きもの、人等ではない。たとえ名や存在を知らなくても、具体的なこの自然、この生きもの、この人と関係している。

自らが経験する関係性のすべてから、それぞれのゆらぐリズム、変化する動きによって独自の時空の軌跡が生じているなら、そこには、データに還元しえない喜怒哀楽等の情が伴い、現れては消えているはずだ。この独自の関係性において、様々な出来事が生じ、多種多様なモノもつくられてくる。その継承によって、文化が展開していく。

テクノロジーによる統一時空に現実味があるなら、生による時空には、比較にならないほどの現実味がある。一方は存在を統一的にとらえる物差しをつくり出し、他方は、多様を生きることで独自の軌跡を活かす。この、主体的な時空の根源的多様性こそ、リアリティそのものである。

ここに、統一時空とは対照的に、生命と文化の時空というとらえ方ができよう。それは、生命の時空と文化の時空によって、成り立つ。

二　生命の時空

生命の時空に着目すれば、第一に、生きていること、そのものが時間、空間の軌跡であることに気づく。生きものという存在とともに生まれる時空だ。わたしたちが生まれたときに始まり、亡くなるときに終わる時空である。

この事実は地質年代から明瞭に実感できる。古生代、中生代、新生代はそれぞれ古い生物の時代、中期の生物の時代、新たな生物の時代という意味である。生きものの存在がなければ、数字の何億年前ということは、ほとんど意味をなさない。

個として、個人としての存在が時間を表す。ある人がなくなったことで時代の終わりを感じる。夏目漱石やマルティン・ハイデッガーが論じた意識の連続性も、人による生命の時空としてとらえられよう。

第二に、生きものと自然の関係性による、一つひとつのユニークな現象の生起とその局在、である。独創的な生物学者ヤーコプ・フォン・ユクスキュルのとなえた環世界《かんせかい》では、生きものはそれぞれの時空を生きている。わたしたちがとらえる時空とねずみ、牛がとらえる時空はそれぞれに異なっている。また、生きものに普遍的にみられる生物時計がある。環世界や生物時

	生命の時空
内容	生きていること 生きものと自然の関係性による、 一つひとつのユニークな現象の生起とその局在
特質	多様性
性質	ゆらぐリズムと変化する動き （伸びて縮む、現れて去る、生まれてなくなる）
理解	まとまり ＊やわらかいイメージ
目的	調和（harmonize）、自由（act freely）

生きていること、地質年代、個としての生きものの存在、
意識の連続性、環世界、生物時計 etc.

計は生きものと自然との相互関係で生じてくるものだ。人は約二十四時間＋α（約十一分）の周期で太陽との関係をリセットしつつ生きている。これは、じつは、わたしたち自身が生きた時計でもあるということだ。この概日時計《がいじつどけい》だけでなく、月の動き、太陽の見かけの一年の動きに反応している概月時計《がいげつどけい》、概年時計《がいねんどけい》の生体機構も明らかになってきている。

　これらの特質は、統一時空と違って、それぞれの生きものの固有のあり方、生きものと自然との関係性によって、どこまでも多様である。ゆらぐリズムと変化する動きを性質にもつ。理解するには演算ではなく、まとまりでとらえる。

この生命の時空の目的はなにか。同期や制御ではなく、限界のなかにも、調和を求め、自由に生きることだ。太陽との関係でさえ、動物は強すぎる日差しを避け、植物は葉を伸ばし、また、紅葉、落葉して関係をつくる。ただ一方的な関係ではない。

三　文化の時空

そして、この生命の時空の基盤に立った上で展開されているのが、文化の時空である。チンパンジー、コンゴウインコ、クジラなど、人以外の生きものも文化をもち、遺伝でなく社会的学習によって次世代に伝える種があることが明らかになってきているが、ここでの文化は、人の文化という狭い意味で用いよう。

文化の時空は、人と五つの存在（自然、生きもの、人、つくられたもの、人知を超えるもの）の関係性による、一つひとつのユニークな現象の生起とその局在として展開する。

自然についてては、もっとも主な、太陽、月、地球との関係だ。これにより、年、月、日という天文時間が、まさに運用されてきた。暦、また、天体との関係から方位も知覚されるなど、文化の時間、文化の空間が生まれ、文化の時空を成している。太陰太陽暦、太陽暦、太陰暦も文化の時間だ。それぞれ、月と太陽の暦、太陽の暦、月の暦と呼べば、人と自然との関係性がリアルに感じられてくるだろう。この他、北極星や北斗七星など天空に見える星々、定期的に潮位が変わる海など、人が活動の手がかりにして文化の時空を見出してきた例はじつに豊かで、人の文化の芯ともいえよう。

生きものとの関係では自然暦があり、春になって桜が咲くと、田植えや種まきの目印になる。樹木の枝葉をメタファーとして、様々な事物の展開を理解するのに用いる系統樹も、その基本は数字を介する必要がない。

およそ三千三百年前にほぼ漢字の発生とともに成立し、動物に結び付けられてから少なくとも二千数百年の歴史を有する十二支は、年月日時・方位を表現する文化の時空として広まっていった。日本列島には六世紀頃、古墳時代後期に伝わったとされる十二時辰法《じゅうにじしんほう》は、数字を介さず生きものによって、時間、空間を示すことができる。そのことから、昼と夜をそれぞれ六等分し、日照時間に合わせて伸び縮みする一時《いっとき》を自在に活用する不定時法が発達し、自然の営みに調和する生活と生業に役立ってきた。この一時は今日の定時法では、約二時間前後に相当する。

人と人との関係では一期一会だ。人の関わりはその時、その時のもので、同じ物理現象の等時反復を基準にしては、本質がとらえられない。とくに大切な人との時間は、何時間ということではなく、その中身によって受けとめるものだ。そして、音楽やスポーツなど、ゆらぐリズムと動き、調和と自由を感じられる人と人との関係性は、文化の時空の大切さをイメージでき

	文化の時空
内容	人と五つの存在 （自然、生きもの、人、つくられたもの、人知を 超えるもの） の関係性による、一つひとつのユニークな現象の生起とその局在
特質	多様性
性質	ゆらぐリズムと変化する動き （伸びて縮む、現れて去る、生まれてなくなる）
理解	まとまり *やわらかいイメージ
目的	調和（harmonize）、自由（act freely）

天文時間とそれによる方位、自然暦、系統樹、一期一会、
つくられたものの変化、神仏への祈り etc.

る最適な例だ。

つくられたものとの関係も、お気に入りのものや文化遺産に対する愛着や変化でとらえられる。

人知を超えるものでは、神仏との関係である祈り等、その本質は、何分、何時間ということにはない。短くとも永遠や救いにふれようとするものだ。

これらの例は、時間としてとらえるのがわかりやすい場合と、空間としての方がとらえやすい場合があるが、いずれも、人と五つの存在との関係性から生じる文化の時空だ。また、以上では五つの存在ごとに記してみているが、これらのすべて、あるいは、複数との関係性としてとら

えることもできる。

わたしたち人が五つの存在に出会うこと、関わること、そのものが文化の時空だ。その特質は生命の時空と同様、きわめて多様である。そして、等時反復ではなく、ゆらぐリズムと変化する動きを性質としている。演算によってではなく、まとまりとしてこそ理解でき、調和と自由を目的としている。

原子時計や人工衛星と違って、太陽と月と地球、そして十二支の時計、方位は、人の文化、文明のタイムスケールとしてなら、ずっと使い続けることができる。

わたしたちは、特定の原子、光とだけ生きているのではない。人、生きものが生きる舞台である地球は、毎年数分の一秒ずつ自転速度を減じているため、数年で一秒、国際原子時より遅くなる。そのため、より正確な原子時計を、うるう秒を足すことで、より不正確な地球の方に合わせなければならない。

正確なテクノロジーの時空とともに、リアルな天体と関係する時空が必要である。さらに、人と生きものの結びつきを象徴する十二支の時空は深い含意をもっている。様々な存在との現実の関係性を示すという点で、文化の時空はより優れている。

時空のイメージが無味乾燥で、空虚なのは、近代科学の思弁が想定し、現代のテクノロジーが創出している時空を、最初から所与のものと錯覚しているからにすぎない。そもそも時空とは何か、という根源的な謎は、量子ループ重力論などの最先端の物理学でも解明されているとはいえない。

無味乾燥な時空が先にあって、その容れものに、すべての存在が入れられている、という世界観から自由になろう。時空とは動く関係性であり、わたしたちが何と、どう関係するかによって現れるものと、とらえ直してみよう。

そうすれば、目の前に時空をつくる様々な素材が見つかる。太陽、月、地球はもっとも近しい存在だ。こうして、月と太陽の暦、太陽の暦が編み出された。そして、太陰太陽暦と調和的に働くものとして、十二支の年月日時・方位が用いられるようになった。太陽、月、大地とともに生きものは存在し、十二支は生きもののなかから、代表として選ばれた。

原子と光だけでは、文化も文明も展開しえない。わたしたちは、多様で複雑な世界を同期させ、制御するために統一時空を用いる。と同時に、他なる存在と調和しつつ、自由に生きるために、これを主人にはしない。自然、生きもの、人そのものとのダイレクトな関係性が基本になければならない。農業、漁業、林業など自然に直接関わる産業や祭礼には、まさしく、このような時空把握が欠かせない。

二十世紀の時空が太陽、月、地球をその基盤から切り離してしまったことに対し、文化とテクノロジーの協調を見出すために、月と太陽の暦は重要度を増している。

一八七二（明治五）年十二月二日の翌日を一八七三（明治六）年一月一日とした改暦では、当初、太陰太陽暦も併記され、太陽暦と共存させていた。今日から見れば、太陽、月への意識を研ぎ澄ますことは、文化とともに科学の発展に欠かせない感覚である。

生命の時空、文化の時空は、わたしたちの文化の芯を成している。第一章と第二章の考察をまとめて、「時空の対照表」として示しておこう。

生命と文化の時空について、これを広義では、生命の時空、文化の時空の両方を合わせた意味とし、狭義では、生命の時空の基盤に立って展開される文化の時空を表すこととしたい。*

生きもの、人は常に、存在の関係性が織りなす時空の多様性の上に生きている。便利な統一時空は、じつは文化の時空をルーツにもちながら、人工を一方の極に推し進めた所産であり、つくり続け、メンテナンスすることで、ようやく維持されるものだ。他方で、リアルな生命と文化の時空の多様性こそ、わたしたちが根底にもつべき二十一世紀の感性であるはずだ。

* これまで、時空に関するミヒャエル・エンデのイマジネーション、アインシュタインの相対性理論、夏目漱石とハイデッガーの哲学、ユクスキュルの環世界、ダーウィンの生命の樹形図、十二時辰法については簡潔に言及したが、筆者の前著『日本十二支考――文化の時空を生きる』（二〇一七年）では、「第一部　生きとし生けるものの時空」で、これら思想家たちの著作から具体的に引用して考察し、道元の「有時《うじ》」の思想等も取り上げた上で、十二時辰法が体現する生命と文化の時空について詳しく分析している。

本書の第一章、第二章では、新たに、わたしの時空、人の時空という立場からの考察を加え、言葉の表現、概念の内容をさらに練り直し、統一時空と生命と文化の時空について、より深く比較対照し、それぞれの特徴を明確に浮かび上がらせてきた。

時空の対照表

	生命と文化の時空［広義］		統一時空
	生命の時空	文化の時空（生命と文化の時空［狭義］）	
内容	生きていること 生きものと自然の関係性による、一つひとつのユニークな現象の生起とその局在	人と五つの存在（自然、生きもの、人、つくられたもの、人知を超えるもの）の関係性による、一つひとつのユニークな現象の生起とその局在	人と原子、光、数、装置（原子時計、GPS衛星等）の関係性から得る、同じと見なせる物理現象の反復とその仮想的遍在
特質	多様性		志向される統一性
性質	ゆらぐリズムと変化する動き（伸びて縮む、現れて去る、生まれてなくなる）		高精度な等時性と光の等速直線運動を基礎とする作図（自然法則の不変性に依拠）
理解	まとまり *やわらかいイメージ		演算（加減乗除の四則演算や相対性理論のような高度な方程式の適用） *かたいイメージ
目的	調和、自由		同期、制御

第三章
人影の人工知能

Artificial Intelligence as a Reflection of Human Behavior

一　デジタル・カオス

過ちと悩み

わたしたちは過ちを犯しながら様々な時空を生きている。そして、自らの過ちにも多様時空にも気づいていないことが多い。人の文化伝統で、仏教はそのような事態を戒めて煩悩という指摘をし、キリスト教は罪という問いを投げかけてきたのかもしれない。人によって異なっていても、悩みをまったく抱えていない人はいない。最初に思っていたより解決が難しく、こころの葛藤が限度を超えたとき、わたしたちは自分の外に救いを求め始める。

生老病死をこうした人生の悩みを表す言葉としてとらえてみよう。生きることそのものに悩みが伴う。すぐに解決できない複雑に絡み合った事柄が生じる。家族でも、友人、知人、社会でも絡み合いの全貌が見えない、個人の力に余る出来事を前に気持ちがすくんでしまうとき、どうすればいいだろうか。

過ち、悩みの奥深さを自覚したとき、人は救いを求めるこころを起こすと仏教やキリスト教は説いてきた。仏教では発菩提心《ほつぼだいしん》、キリスト教にも「こころの貧しい人たちは、さいわいである、天国は彼らのものである」という言葉がある。人知を超えるものに救いを求める謙虚なこころをもった者に、聖典や経験者を通じて正しい道へと導こうとする豊かな蓄積が、宗教伝統にはある。

わたしたちが人知を超えるものに祈っても、なかなか明確な答えは得られない。何かの洞やお告げを期待しても、空海、親鸞やアッシジの聖フランチェスコのような傑出した人格でないかぎり、多くの場合、意味は深まっていかない。だからこそ、先人たちは大蔵経や聖書、クルアーン（コーラン）などの尊いとされてきた聖典からヒントを得ようと努め、それらを専門的に理解している僧侶、聖職者、学者の言葉にも耳を傾けてきたのだろう。

そして、すぐに答えがえられないときには、慰め、楽しませてくれるものにこころを預け、気晴らしをしようとした。解決できない問題から、一時でもこころを自由にするために。宴のような時間が終わり、また、現実に戻らなければならないことを知っていたとしても。

デジタル・カオスのなかで

手に収まる小さな板が、わたしたちの日常をひたしている。人は悩みを抱えたまま、スマートフォンに向かい、何らかの答えを求める。

すでに膨大なデジタルデータにつながっている装置《デバイス》が、人工知能（ＡＩ：Artificial Intelligence）にもつながっていく。勉強、仕事、家族・友人・知人関係、恋愛、子育て、のしかかるノルマ、言葉にできない悩み、それらを人工知能がすべて解決してくれる時がくるのだろうか。

過ちにつながりかねない思いは、こころのなかで瞬時に起こってくる。良いものか悪いものか、広い視野とたしかな理性で考えるゆとりがもてず、指はスマートフォンの表面をなぞり始める。すると、めくるめく世界が開き、わたしたちはこころをうばわれていく。

その気になれば、スマートフォンにふれながら、こころを落ち着かせ、瞑想することさえできる。画面に瞑想の教師を映し出し、声明《しょうみょう》やクラシックの落ち着いた音楽をかければよい。ヨガのインストラクターにも出会える。同じデバイスが、日常の雑事を処理するのにも、好みの映像を観、ショッピングをし、家族や友人、知人とやりとりをするのにも、何にでも使える。

そして、スマートフォンの向こうで人工知能が、専門家も分析できないような因果関係を次々に見つけ出し、わたしたちの前に提示するようになる。

スマートフォンも人工知能も、どれほど複雑精緻であっても、人の作為によってできたものだ。すでに、人工知能は特定の分野において、人の能力や判断に取って代わってきている。人工知能について考えることは、人とつくられたものの関係性の行きつく先を考えることでもある。

それでは、わたしたちには何が試されているのだろうか。

それぞれの場面で自分なりの信念や信仰、人への信頼、テクノロジーへの依存を使い分ける。そして、信念、ヒューマニズム、テクノロジーのトライアングルに、こころと身体を引き裂かれる。これはスマートフォン中毒といわれる人びとだけの問題ではない。気がつけば、この三つの領域の境界がぼやけてくる。不安を宿しながらスマートフォンに指をふれ、人が信じられなくなり、テクノロジーが促すままにこころと身体が条件反射をくりかえす。このような状況こそ混沌《カオス》ではないだろうか。

いったいどのような出来事が周りで起きているのだろう。物事の良い面、キラキラした面だけを見ているわけにはいかない。デジタル機器を使って情報を集め、計画を立てながら生活しているが、世界はますます予測困難になっている。膨大な情報と周到なシミュレーションのフィードバックで、かえって予測できない出来事が頻発する世界にわたしたちは生きている。

人工知能カウンセラー

じわじわと生活環境が一変している。次々に登場し、革新される人工知能は、わたしたちの生活をどのように変えていくのか。人工知能によって、受験する学校や就職先を検討したり、恋人や結婚相手を探したり、犯罪に巻き込まれる可能性の高い人物を予測したりすることが目新しく感じられているうちは、まだ初期段階だ。

人は悩みを抱え、人に頼れないとき、人知を超えるものにすがろうとする。では、社会が次々に受け入れていく人工知能は、人にどのような影響を及ぼすだろう。

人の頭脳や記憶が予想もしない要素間の隠れた因果関係を見つけ出し、思いがけない示唆を与えてくれる。人工知能カウンセラーは、人カウンセラーと異なり、いつでもアクセスでき、圧倒的に安価なコストで、ある程度までは無料で相談に乗ってくれるかもしれない。

個別に具体的な問題解決の助けになるなら良いことだ。しかし、人生では一つの問題が解決しても、また新たな問題が生まれてくる。その問題の生態系で、どれほど人工知能に頼ることができるだろうか。頼ることが妥当だろうか。

人と人工知能のコラボレーションによって、今までになかったような素晴らしい成果が達成されるが、人の弱点と状況変化に起因する反作用も発生してくるはずだ。

アメリカのドキュメンタリー映画 *Coded Bias*《コーデッド・バイアス》（二〇二〇年、邦題『ＡＩに潜む偏見——人工知能における公平とは』）は、性別、人種、階層が偏った技術者たちが開発し、政府や大企業等、権力を行使できる側が導入しているＡＩの顔認識技術が暗黙のバイアスを抱えていたこと、居住、人生設計、学業、就業、交通、消費生活等、人のあらゆる活動領域で差別を自動化し、服従訓練を敷いていく様を、抑圧的アルゴリズムの罠として、アメリカ、イギリス、中国の事例から浮き彫りにしていた。

人がもっている、否定的な結果をも生んでしまう感情、行動、そして刻々と変化する周囲の状況が、人工知能にリアルタイムで影響し始める。そのとき、総体としてどのような事態が起こってくるのか、誰にもわからない。

人工知能からえられたアウトプットがお告げのような作用を及ぼすとき、わたしたちはどのように考えればよいだろう。

二 救い、幸せと人工知能

人はなぜ人工知能を信じるのか

人が、人工知能の出す答えをある程度信じ、受け入れるとしたら、それはなぜだろうか。

人工知能の予測が平均して人の分析、予測の精度を上回っているとき、たとえば専門家による人的分析、予測が正答率約八十パーセントの問題に対し、人工知能では九十パーセント以上になる場合、残りの十パーセントは不正解だとしても、多くの人は人工知能の方に頼るようになるだろう。医療診断、気象予測やタクシーの需要、犯罪予測など特定の分野ではすでに専門家の分析、予測を上回る精度を達成しているか、しつつある。

何よりも、わたしたち人の心理や行動の記録のビッグデータにアクセスし、それに基づいた因果関係を人工知能は導き出す。いかに膨大で複雑なものであっても、人の記録に立脚して何らかの答えを示すからだろう。人自身の経験データに拠っていることが信じる理由になる。

同時に、人が思いつかないような因果関係を見つけ出すからこそ、人工知能は支持される。しかし、人工知能が因果関係を見つけてくる計算の過程は複雑すぎて、ＡＩ開発者でも説明できない。人のデータに基づきながら、ブラックボックスの過程を経て人工知能が導き出してくる結論が託宣として通用する社会がいくつもの国で現実化してきている。人工知能が言っているから、人工知能によれば、人工知能の答えは、このような枕詞が当たり前になってきているのだ。

さまよえる人とＡＩ

医療診断や人生の選択で判断を仰いだ専門家、人工知能の答えが結果的に間違っていて、その結果を自分で引き受けなければならないとき、わたしたちは、専門家に対しては人の能力、人工知能に対しては性能や精度が及ばなかったと考えるだろう。しかし、誤りの結果を自分で引き受けなければならないとしても、人のこころは、さらに寄りかかれるものを求める。それが、また別の人工知能だとしても。

医療診断には医療診断ＡＩに、カウンセリングにはカウンセリングＡＩにと、問題ごとに頼るＡＩを変え、人工知能の限界を人工知能で埋めようと、こころはさまようだろう。

とすれば、将来、限定された専門分野ではなく、人生のあらゆる難問をぶつけ、ゆだねることができるような汎用ＡＩが登場するだろうか。そのようなスーパーインテリジェンスは何十億人もの心理と行動の膨大な経験をデータとしてそなえる。超ビッグデータは刻々とアップデートされ、そこから人にはとうてい分析できない、思いもよらない因果関係を導き出し、一人ひとりのこころや人生の悩みに答えてくれるようになるのだろうか。

こうした想定は当分の間、非現実的だとする研究者も少なくない。しかし、オックスフォード大学の哲学者ニック・ボストロムは、警告の書 *Superintelligence*（二〇一四年　邦訳『スーパーインテリジェンス——超絶ＡＩと人類の命運』二〇一七年）で、人知を上回る汎用ＡＩが登場した場合に起きる社会の激震について本格的に論じ、論議を呼んだ。人工知能をめぐる予測自体がゆれ動いている。次々に登場している新タイプのＡＩに対して、わたしたちはどのような反応をしていくのだろうか。

人の今から遊離していく世界

人という存在は、今まで生きてきた人生がふと、間違いだったのではないかという気持ちにおそわれたとき、取り返しのつかないことをしてしまったと後悔したとき、汎用ＡＩによって救われることが可能だろうか。

救われ、許されるためには何らかの飛躍が必要だ。もし過去の出来事が確実に記録されていて変更がきかなければ、飛躍は困難になる。転んでも、失敗してもジャンプできることが重要であるのに。

現在の自分があるのは過去の積み重ねによってでもある。ある程度までは過去を振り返り、理解することが、新しい自分を見出すために必要だ。けれども、その反省が、ただ過去にとらわれてしまうことになるのなら、どこかでそれを断ち切ることも必要になってくる。

仏教やキリスト教でいう悟りや救いにまで立ち入らなくとも、人生には何らかの飛躍が必要なときがある。

人工知能は、きっかけだけでなく、飛躍自体を与えてくれる存在だろうか。

デジタルの世界では、このジャンプが難しい。わたしたちの書き込みや行動は常に記録され、蓄積されていく。自分が自覚、認知しない過去が積み上がる。それらの記録を一つひとつ点検するなら、自らの姿にあぜんとしてしまうかもしれない。

他方、人工知能には人の経験記録にまったく基づかない、人工知能間のパフォーマンスで、これまでにない成果を上げる「教師なし学習」がある。人工知能アルファ碁ゼロ（二〇一七年）は、そのようにして棋士間の対局記録を用いた「教師あり学習」に基づく人工知能アルファ碁（二〇一五年）を上回った。さらに、人工知能が自律的に直接学習できるシステムとして「自己教師あり学習」も発展してきている。そこでは人工知能によるジャンプはあるといえるが、人の存在からは本質的に遊離してしまっている。

人工知能の世界は、人のビッグデータ、すなわち、過去から積み上げられ続ける記録を活用するか、まったく人と関係ないパフォーマンスを重ねるか、あるいはその組み合せで展開されていく。いずれも、人の今から遊離していく傾向がある。人の今を確保するには、その都度、今の瞬間の多様な関係性、多様時空を生き、データ化される前の人自身が、ＡＩに主体的に関係し続けるしかない。

デジタルの世界は蓄積され、消去され、偽造《フェイク》が混入される特徴をもっている。人の脳やこころも蓄積し、忘却し、誤る。しかし、今のところ、ＡＩは救いや幸せを求めないが、わたしたちのこころは求めている。人の生活がデジタルの世界と溶け合っていくと、こころの平安を見出すためのプロセスは、いっそう複雑になるだろう。リアルとデジタルが隣り合い、融合した日常を生きながら、わたしたちはいかに救いと幸せを求め続けるのだろうか。

三　生死観、人間観のゆらぎと人影

ゆらぐ生死観、人間観

人工知能が身近な世界では、生死観、人間観も変化の兆しが現れている。

今日の世界をつくりあげた近代世俗社会の生死観、人間観は次のようなものだったのではないだろうか。

開始と終わりがある一貫した人生があり、個人は人として尊厳と人権を有し、そういう存在だからこそ、その人ならではの、こころの内奥の感情がある。ただ、個人がそれぞれになぜ尊厳を有するのかの根拠については、様々な考えや立場があるとして保留し、踏み込まない。

しかし、このような近代社会の通念が、人工知能のような新テクノロジーを推し進める人間観に侵食されつつある。それは、人工知能のみならず人の存在までをも、計算過程《アルゴリズム》とデータの流れとしてとらえ始めている。実際に、コンピュータ科学や生命工学の多くの専門家《エキスパート》たちが、脳を含む人体の働きをアルゴリズムとデータの流れとしてとらえ、研究に邁進している。めざましい研究成果とともにこの新たな人間観がメディアを通じて社会に浸透していく。

アルゴリズムはバージョンアップされる度に世代を重ねる。また、アルゴリズムとデータは複製《コピー》もたやすい。すると、人の生はどこかで代替がきくものとして解釈されることになる。代替がきく以上、死は完全な消滅ではない。本当の死は原アルゴリズム・データとすべての関連アルゴリズム・データの削除ということになるが、削除されたものの再生技術も長足の進歩を遂げつつある。このような生死観、人生観の下では、人生の一貫性、人の存在の尊厳、そこからくる、こころの感受性のかけがえのなさは前提にならないだろう。

かけがえのない一度きりの人生という生死観、尊厳をもった個人という人間観と、他の存在に代替されうるかもしれない生死観、こころと体内と外界のデータが生化学反応のアルゴリズムに入っては出ていく存在としての人間観とでは、前提となる世界、時空は大きく異なってくる。

ヒューマニズムと新テクノロジーの二つの世界をさまようとき、宗教文化伝統の生老病死が新鮮な光景として浮かび上がるかもしれない。そのとき、宗教文化、宗派間の違いよりも、宗教文化伝統としての共通の特徴が見えてこないだろうか。

宗教文化伝統の生死観は、人の生をところどころで断絶を含んだものとしてとらえている。人は、生のなかで、関係性の断絶を度々経験し、その際、人の存在を超えた力が作用すると説く。生命である個人としての人の死が、すべての終わりではないと考える。その人間観は、人の存在はかけがえのないものであり、それにはたしかな理由があると説く。しかし、人をただ尊い存在とだけ認めているわけではない。仏教やキリスト教などは、人をもともと煩悩や罪を抱えた存在として、良くない何かに帰結してしまう存在としても、とらえている。

いつから人は、ただ一度の人生という観念のなかで、生老病死のイメージをもつようになったのだろう。死んだらすべて終わりの存在が、衰えて、病にかかり、死を迎える。それにもかかわらず、死んだり、生き返ったり、死んでも生きていたりする筋書きのドラマや物語を、わたしたちはさしたる抵抗もなく受け入れ、一喜一憂している。どこか変ではないだろうか。

後に、第九章で考えるが、近代人が自明としてきたヒューマニズムの生死観、人間観の脆弱性《ぜいじゃくせい》を根本的に克服するには、これらが統一時空の世界観を前提としている事実に気づき、わたしの時空、生命と文化の時空の世界観を基盤として、統一時空とのバランスのとれた共存をはかることが不可欠である。

今日、生死観、人間観は大きな曲がり角に差し掛かっている。

だから次のように考えたらどうだろう。近代化とヒューマニズムにより宗教文化伝統の叡智《えいち》が時代遅れとなり、次に人工知能など新テクノロジーの普及により近代世俗主義のヒューマニズムが時代遅れとなるのではなく、いずれの知見も無視できない時代に入ったのだ、と。単線的ではなく並列的な時代認識をもつことが必要なのだ、と。

これはヒューマニズム、新テクノロジー、宗教文化伝統がバラバラに役立ち、この三つをそれぞれの場面で使い分ければよいということではない。そのような分断状況が続けば、人のこころと生活は矛盾を抱えたまま、いずれ空中分解してしまうかもしれない。

そこで、人の存在の尊さに新たな照明を当てるという、根本に関わる問題が浮かび上がる。

過ちの主体性

人工知能の性能を革命的に高めた深層学習《ディープラーニング》は、カナダのトロント大学でニューラルネットワーク研究を推進したジェフリー・ヒントンにより、二〇〇六年に登場した。じつは、そこでは、人工知能に誤りのデータを意図的に入れることで過ちを「経験」させ、その試行錯誤を通じて、精度を別次元に高める手法が大きな役割を果たした。つまり、人工知能は人の代わりに画像、音声を認識して視覚、聴覚を代替し、知的判断をするだけでなく、過ちをも代替するようになったのだ。加えて嗅覚、触覚、味覚、感情、さらにロボットを通じて運動も代替可能となれば、人の五感、知的判断、感情反応、身体行動、それらを通じた過ちの経験をすべて肩代わりしていくことになる。

しかし、人は、過ちを通じてこそ成長する存在だ。煩悩、罪によって過ちうる、生老病死に悩むわたしたちの主体性までを、人工知能に譲り渡してしまってよいだろうか。

赤ちゃんが言葉を話すようになるとき、這い、歩き出すとき、何度も失敗を重ねる。周囲の人は優しく見守り、間違いを受け入れた上で、サポートする。幼児は、自ら話し、歩き、走り出すことに喜びを覚える。大人がいくら子どもの代わりにうまく話せ、立派に歩めても、その子の人生は開けてこない。人は人生のなかでこれと同型のプロセスをくりかえしている。わたしたち自身を子どもに、人工知能を大人の位置に置き換えてみれば、過ちの主体性を失わないことの大切さは明らかだろう。

過ちの主体性は、幸せや救いを求めることの主体性に直結している。何度、言葉を間違えても、歩き出そうとして倒れても、やがて正しく話せるように、しっかり歩けるようになるという希望が、この過ちに伴っていることに重大な意味がある。

本来、過ちは救いや幸せを求めるこころと対になっているものであるはずだ。過ちながらも救いや幸せを求める存在であるところに、一人ひとりの尊厳もあるのではないだろうか。

人工知能のような新テクノロジーとつき合うなかで、この主体性が突き崩されるおそれが生じるとき、わたしたちは、主体性を堅持しなければならない。そして、個人が尊厳を有する意味について新たな洞察を深めていくには、宗教文化伝統の叡智を未来に向けて開いていくことも欠かせないのではないだろうか。

人影の人工知能

二十一世紀が人工知能によっていかに変わるのか、宗教文化伝統のもつ可能性についても、具体的な様相は見えていない。それでも、人としての過ち、悩みを包容しうるわたしたち自身のこころを育むことが、これまで以上に大切になってきていることは明らかだ。

人の五感、知性、感情は刻々と変化している。今この瞬間に、ある思いが立ち上がり、そこに煩悩や罪の種が含まれ、過つ可能性があり、だからこそ、同時に救いと幸せを求めていく。そのような人の指、掌《てのひら》、こころがふれるのはデジタル機器だけではない。自然、生きもの、人、デジタル機器にとどまらないつくられたもの、人知を超えるものに人は関わり、関係性を育んできた。

たとえば千手観音像の前に立つとき、その御手はスマートフォンをもっていない。

今日、千手観音像をつくるなら、御手の一つはスマートフォンを手にしているだろうか。観音菩薩は悩み、救いを求める人に何を手渡すだろうか。近未来の僧侶や親、教師は、そのお告げの方が高精度だからと、信徒や子ども、学生に、スマートフォンで人工知能に聞きなさいと諭すようになるだろうか。

次第に、人は自ら感じ、考え、思い、行動するのをやめ、代わりに人工知能に感じ、考え、思い、行動してもらい、常に人工知能を手本にするようになるだろうか。そして、人工知能につながったスマートフォンをにぎりしめたまま、あの世に旅立つのだろうか。

いや、祈るとき、スマートフォンを手放し、手と手を合わせ、人工物でない人知を超えるものにこころを向けようとするのではないか。たとえスマートフォンをにぎりしめていても周囲に、インターネットの向こうに、吹く風、咲く花、人びとの存在を感じようとするのではないか。

そのとき、今が、静かに躍動し始める。

そして気づく。人は自らが生み出し、つくり出したものが存在する前から、自らさえもが存在する前から存在してきた森羅万象とともにあり、あらゆるものにふれ、そのなかで感じ、考え、思い、今もそう生きているのだ、と。

スマートフォン、人工知能に関わることで現れてくる世界は、ますます充実していく。デジタルの世界とリアルの世界を結びつける技術も驚くほどの進歩をとげていく。その精緻さは際限のないものがある。しかし、また、それとは到底、比べものにならないほど複雑玄妙で、刻々と姿を変え、今である世界がそこにあり続けている。今である世界を失えば、デジタルとリアルの融合すら、その足場から崩れてしまうだろう。

スマートフォンと人工知能は、人のこころと行動が記録され続けるビッグデータにつながり、無数の経験記録から思いもよらない因果関係を見つけて、答えを示し続けていく。それは、わたしたち人を追いかけてくる影のようなものかもしれない。

しかし、影は影をつくる主体があってこそ現れる。人工知能から様々なことがわかるが、人工知能に代わって生きてもらうわけにはいかないのだ。

自らの生老病死を見つめてみる。幸せや救いを求める道も、そうしてこそ現れてくるだろう。

第四章
生きとし生ける米

Living Rice

一　米をめぐる関係性

田毎の米

日本のような米文化圏では、米を主食とし、時折、田と稲をながめる。人びとは、多かれ少なかれ、米と関わる時空を生きている。だが、身近なはずの米が、いつの間にか疎遠なものになっている。米、稲、田は多くの人びとから遠ざけられ、傷ついている。そして、その傷に気づかない人自身も、じつは、傷を負っている。

米は生きものだ。しかし、当然のこととして、そう思っているだろうか。生きているものを食べていると感じられているだろうか。

もし、わたしたち人が、稲が育つ土を、土に流れる水を、水源の森を思い浮かべることができるなら。そして、わたしたちのせめて骨なりと、その森のどこかで土に水に還っていくなら。今日も米を主食とする列島人は、その筋肉・血液の約十五パーセントが米のタンパク質からつくられ、身体を動かすエネルギーも米の炭水化物から得ていることを認識するなら。米の白い部分――白米、胚乳と呼ばれる――は、稲の赤ちゃん、つまり根と葉になる胚が、発芽し、成長するための食べものであり、わたしたちが食べるように、稲の赤ちゃんも、これを食べるのだと理解するなら。また、稲藁《いなわら》がたくさんの栄養分を含み、以前は田で働く牛の食べものであったし、落ち葉が土壌を豊かにするように、それによって田が豊かになると知るなら。

わたしたちと米は、お互いに自然、生きものの多様性のなかで共存してきた。しかし、めぐりめぐっていた何かが忘れ去られ、それを自覚することなく、失われていった。

それでは、昔を思い出せばいいのか。失った経験を回顧するばかりでは、現在との裂け目が広がり、なすすべなく立ち止まるだろう。

田毎《たごと》の月という言葉がある。

棚田《たなだ》に月がかかると形の異なる水田一枚一枚に姿が映って、えも言われぬ美しい景色が出現する。その無数の月を映す個性豊かな田毎の米が、生きている米本来の姿だろう。月の映り具合いが繊細に異なるように、米の栄養も、本来、一枚の田毎に変化していく。

苗の移植前に田をトラクター等で耕さず田の生態環境を生かす不耕起《ふこうき》移植、冬に水を湛えておく冬期湛水《たんすい》、無肥料、無農薬による稲作では、もともと米は田毎に味が違うものだという。

近代化学が明らかにしたチッソ、リン酸、カリウムの三大栄養素だけでなく、土壌のミネラル成分が田毎に微妙に異なるためだ。水も土も、米も野菜も果物も、本来、多様性に満ちた存在だ。しかし、真摯に自然、生きものを見つめる農の従事者以外、現代人の多くは、品種、産地、ブランドに慣れすぎて、田毎の米を実感して食べる生活から遠ざかっている。

多様性を生かす耕作技能の低下が日本農業の根本問題だと警鐘を鳴らす農業経済学者の声もある。一九六〇年代、高度成長期より、日本社会は多くの有形、無形の農業遺産を見失い、捨て去ってきてしまった。現在と過去の間に亀裂をつくり、両者を共存させる発想と力が弱かった。

近代人としてのわたしたちのなかには、現在と過去を分裂させたまま放置してしまう狭い自我がひそんでいるようだ。その自我は、古き良き記憶に満足しつつ、現状の、便利でありながらどこか平板な日常を送り続け、思考を停止させてしまう。今の米の姿は、そのような人の姿を映し出す鏡のように思えてくる。しかし、いつまで分裂に甘んじ続けるのだろう。

米と人

米と人の豊かな関係性に目を向ければ、この分裂をどう修復していけばよいか、方向性が見えてくるのではないか。現在と過去がいずれも生まれ変わることで、引き裂かれた自己が未来に向けて再生する道を探せるのではないだろうか。

米をつくっていても、いなくても、いずれの立場からも可能な視座、それは米が生きものとして、現に人と共存している事実に目を開くことかもしれない。たんなる食品とみなそうが無関心でいようが、米は米として存在し、矛盾に満ちていても、人の現状を映し出している。どれほど都合よく考えようとも、米が、自然、生きもの、人と関係してきた生きものであることは否定できない。

自分の食べるものが、どのような過程《プロセス》を経て手元に届いたのか、その本来の来歴に関心を向けて、この身体が、自分の生涯の後、どのように世界に還っていくのか、考えてみよう。

近代以降、この列島において、人は、食べものの来歴も、自身の身体の行方も、見えない均質な壁で隔ててしまうような文明を展開してきた。土からきた米を食べ、人も土に還るはずが、土から遊離してしまった。この状況を変えていくことができるだろうか。

人と米をめぐる存在と時空の関係性を問い直すことが豊かなインスピレーションをもたらしてくれる。

今日の日本の米は、ほとんどが農薬、化学肥料に依存して生産されている。有機農法の米の生産量はわずか〇・〇八パーセントである（二〇一七年度、農林水産省）。有機ＪＡＳ規格（有機農産物、有機加工食品、有機飼料、有機畜産物の四つの有機食品に関する日本農林規格）認証を受けていても、二〇二一年六月時点で、有機農産物に三十九種類の農薬使用、有機加工食品に六十四種類の添加物使用が許されている。有機肥料のもととなる家畜も、多くが遺伝子組換えされた穀物等の輸入飼料で育てられ、有機肥料を用いることで、かえって土壌がチッソ過多になるなど、環境被害が生じることも指摘されている。人にたとえれば、薬を多用し、栄養剤を過剰供給されているのと同じである。農薬・肥料（化学肥料および有機肥料）を用いない自然農法による自然栽培米の耕作比率は、有機栽培米と比較しても、きわめて低い。

わたしたちは、米を食べながら、そのことを知らない、考えないようにしている。それでも、最後の晩餐にごはんを口元に運ぶだろうか。わたしたちの身体が還っていくべき土地が、過ぎた農薬、肥料によってダメージを受け続けていることを気づかないでいて、よいだろうか。

近代以降、人工物である農薬、化学肥料の影響を受け、米、人、国土が痛み続けている。米に、あなたも、過剰な人工交配、農薬、化学肥料に無理を加えられながら、なんとか育ったのですね、と語りかけ、その運命を想ってみよう。

現状では、特別な努力をしなければ無農薬、無肥料の米が育つことはできず、わたしたちがそれを口にする機会もなかなか少ないけれども、米もわたしたちも、なんとか生きようとしているのだと考えてみよう。そこからどのような世界、時空が見えてくるだろうか。

二　生命と文化の多様性

稲の由来

米を実らせる稲は、ユーラシア大陸南東部に自生する熱帯性の多年生植物が由来とされている。今日も、野生の稲がこの地域に自生している。それが一万二千年前までに長江中流域で栽培化されるようになった（玉蟾岩《ぎょくせんがん》遺跡）。栽培化の発端については様々な説が唱えられている。もともと食べるためでなく、首飾りなどの装飾用に育てられたとする興味深い学説もある。芋などを育てるそばで自生していた、今日なら雑草とみなされるような植物だったとも考えられている。七千年前には長江河口域でも育てられ（河姆渡《かぼと》遺跡）、六千年前の最古の水田跡が長江下流域で見つかっている（草鞋山《そうあいさん》遺跡）。

この生きものが、中国南部から台湾と九州の間に連なる南西諸島を経て、または長江流域から直接、もしくは中国東北部と朝鮮半島を経て、あるいはこの三ルートの複数によって、二千五百―二千六百年前の縄文時代晩期までに日本列島の九州に伝えられた（佐賀県唐津《からつ》市、菜畑《なばたけ》遺跡）。韓国には二千五百―二千八百年前と推定される遺跡があり（蔚山《ウルサン》市、玉峴《オクキョン》遺跡）、福岡にも縄文時代晩期から弥生時代後期の遺跡がある（福岡市、板付《いたづけ》遺跡）。なお、水田稲作の伝来を約三千年前とする、放射性炭素年代測定法を用いた研究結果が国立歴史民俗博物館から二〇〇三年に発表されており、一方、畑で栽培する陸稲《りくとう》の伝播《でんぱ》過程も多くが未解明で、様々な研究、仮説が提出され、いずれも議論が続いている。

さて、もとは熱帯植物で多年生の稲を、温帯が主の日本列島で毎年栽培するのであるから、夏を活用し、一つひとつ、人が手をかけて育てなければならないという制約を受けることになった。

だが、小麦、トウモロコシなどの畑作と異なり、幸いにも水田稲作では、川や水路から引かれる水が山からの養分を運んできてくれるおかげで、毎年、土がやせ細ってしまう連作障害は生じなかった。日本の水田は、一見、平坦に見える沖積平野でも必ず多少の段差があり、ほとんどが傾斜地で、重力による灌漑排水が当然のように成立するためだ。山と海の距離が近い列島の複雑な傾斜地形が、稲の成長に必要な養分をもたらし、不必要なものは流し去ってくれた。

今日の考古学の知見を総合すれば、ユーラシア大陸南東部に自生していた野生の稲が、一万二千年前までに人の手が加えられた環境で育つようになり、二千五百—三千年前頃には人によって亜熱帯と温帯の列島にもたらされ、以降、長い年月をかけ、紆余曲折を経つつ、東へ北上しながら、日本の自然、生きもの、人と密接な関係を構築していったということだろう。

こうして日本列島は、水辺に自生する多年草の葦が生い茂る葦原《あしはら》の国から、徐々に、稲の育つ瑞穂《みずほ》の国になっていった。

しかし、このようなまとめからは、今日の米が、近代以降の品種改良、農薬、化学肥料によって、以前とは大きく異なる様相で育っているという事実が抜け落ちてしまう。わたしたちは、長い環境適応の結果としての生命力あふれる米の味をダイレクトに感じることができなくなっているのが現状なのだ。

稲のルーツに関する考古学的知識を増やすだけでは、米、稲と人との伝統的な関係性を回復することはできない。それでも、米、稲が生きものであり、人の手によって、この列島に伝わり、固有の環境に適応していった来歴をふりかえってみることは大切である。

生命と文化の多様性

ユーラシア大陸の同緯度地帯の多くの地域が乾燥し、あるいは砂漠化しているのに比べ、六月に偏西風がヒマラヤ山脈にぶつかって二手に分かれ、一方が南東に向きを変えてインド洋、太平洋上を通過しながら、大量の水蒸気を取り込んでくれるおかげで、日本列島では梅雨が発生する。その豊かな雨によって、類を見ないほど多様な広葉樹が育つことができた。

また、四つのプレートがぶつかりあうことで急峻で多様な山岳地形が形成され、平野部が多くを占めるヨーロッパに比べ、木の実を豊かにつける広葉樹が、氷河期にも削られて絶滅してしまうことなく生き残ることができた。

こうして豊かな植物相が多様な動物たちを養い、経済先進国としては突出して多い固有種が生き延びることを可能にした。日本列島には後期旧石器時代、およそ三万八千年前までには現生人類《ホモ・サピエンス》が渡ってきているとされるが、ユーラシア大陸では途絶えてしまった遺伝子型が列島人に多く残っていることが核DNAの解析により明らかになっている。

　つまり、日本列島は、すでに長きにわたって植物、動物、人が多様に共存する地であった。そこに稲が人の手によってもたらされ、新たな文化が花開いて、植物、動物、人、米の多様性が育まれ、保持されていったのだ。

　この見取り図を描くには考古学、地質学、遺伝学をはじめ多くの学術研究の達成を、パズルのピースのようにつなぎ合わせなければならない。それぞれの研究が進展するにつれ、全体像は常にゆれ動く。

　こうした生命と文化の多様な有り様は、今日、生物文化多様性と表現されるようになってきている。生態学者、生物学者が生物多様性を、文化学者が文化多様性を専門に研究してきたが、実際には互いが深く関係し合っているためだ。米、稲、水田の関係は、生物文化多様性から考えるのが相応しい。これは、第二章で見出した生命と文化の時空を基盤とする多様性といえる。

　そして、生命と文化の多様性は、人知を超えるものの多様性にもつながっている。稲は生きものとして、列島の自然、生きもの、人と固有の関係性を結んできた。この観点から、民俗、日本神話、大嘗祭《だいじょうさい》などの祭礼も深い意義を再発見できる。

　米、稲、水田に関する文化研究と生態学的、生物学的知識とを照らし合わせると、伝統文化は米、稲、水田とともに生きてきた人の、長きにわたる経験の宝庫であることがわかる。生態学、生物学は生きものとしての米、稲の秘密を解き明かしている。人自身が近代化で捨て去り、忘却してしまった伝統文化の真価を、新たな生態学、生物学が明らかにするだろう。

幸福な出会いが積み重ねられていけば、民俗学は資料館、神話学はテキスト、祭礼は社殿を飛び越えて、生命と文化の多様性のなかで生きてきた先人の経験と現代人の経験とが共存できるようになる。自然科学は文化研究を承認し、文化研究は自然科学に人の存在ならではの意味づけを与えることができる。

稲という生きものの力

わたしたちが、農薬と化学肥料を用いて米をつくる平均的な農家であったとしよう。そして、あるとき、民俗学が明らかにしたような近代化以前の稲と人との関わりに気づいたとしたらどうだろう。

従来の近代農学と民俗学のままでは、現状の米づくりと古《いにしえ》の米づくりは分裂したままであるほかない。互いを別々に肯定するだけ、現状に甘んじながら古の美しい思い出に時折ひたるだけでは、共存の道とはいえない。過去がそのまま現在に取って代わることはできず、ただ現在をそのまま続けるわけにもいかない。現在を変化させることによって、過去のもつ意味も変化させ、新しい状況を生み出していくことが、真に前進する道ではないか。

農薬と化学肥料・有機肥料を用いて米をつくる田をすべて打ち捨て、民俗学の世界を夢見るのみなら、そこは耕作放棄地になってしまう。現状の米づくりを変容させる道を歩み始めれば、古の世界が未来につながるものとして新しい意味を獲得し、両者の変化による共存の未来をつくることができるはずだ。

一粒の稲籾《いねもみ》は、発芽し、成長する過程で根元から新芽が伸び、どんどんと株わかれしていく。これを分蘖《ぶんげつ》という。そして、穂が実ると千から一万粒の稲籾になる。これが生きものとしての稲の潜在力だ。

十アール（一アールは十メートル四方）の田から大人ひとり一年分の米がとれる。もともと一反《いったん》と呼ばれ、一石《いっこく》がとれるとされた広さに重なる。不耕起移植・冬期湛水・無肥料・無農薬による稲作では、十アールの田で約三百六十万枚の稲の葉が枯れ、収穫後の茎である藁とともに、土に還り、水に溶けて自然の肥料になるという。そして、冬に水を抜かず湛《たた》えておくと大量の植物プランクトン、動物プランクトン、イトミミズが発生し、タニシ、川魚、鳥たちの棲家《すみか》になる。大型の耕運機で土壌をかき混ぜて土中の根と微生物を殺すのではなく、田を耕さず、土壌の自然力にまかせる。米国農務省の研究者サラ・ライトは、不耕起によって真菌《しんきん》が植物の根でグロマリンという特殊タンパク質をつくり、土壌を豊かにする過程を科学的に解明している（一九九六年）。こうして、水田に棲息する生きものたちの活動とともに稲は育っていくのだ。

今日の先端的な自然農法の実践と米、稲、水田に関する生態学、生物学的知見は、民俗学、日本神話、祭礼の説く知恵にきわめて親和的だ。

三　関係性の回復

古今の共存から未来へ

伝統農法、自然農法によってつくられる米と、伝統農法、自然農法に関する生態学、生物学的研究とが一般化していないため、民俗学、日本神話、祭礼の世界は、今日のほとんどの米づくりから隔てられてしまっているかにみえる。

だからこそ、現状の米づくりが農薬・肥料を減じていく土壌変容過程そのものを研究、評価し、活用する文化の醸成が重要だ。傷ついたこころを治癒するように、生命力の多くを喪失した土壌を治癒する、そのプロセス自体に関心を向ける。こころのセラピストのように、土壌のケアに価値を与え、経済的に実態を伴わせていく道だ。

土壌が自然、生きもの、人の関係性の場として多様な生命力を回復してくれれば、農に携わる者は、自身が新たな民俗的知恵、神話的物語、今日的祭礼を生む、生命と文化の時空の主体となることができる。

米、稲、水田に関わる民俗、日本神話、祭礼は近代農法ではなく、伝統農法によってつくられたものだ。それらは、過去の経験の記憶庫であるにとどまらず、種苗《しゅびょう》メーカーからの種を用い、農薬、肥料を駆使して今日の一般的な田で育つ稲の、生きものとしての呻《うめ》きをキャッチしうる。現段階から徐々に農薬、肥料を減じ、稲本来の生きものとしての力を回復する過程を祈願する新文化として、意義を獲得できるだろう。列島の先人たちが民俗、神話、祭礼を生み出した精神は、自然採取でない種を用い、農薬、肥料を多投する田への関わり方とは大きく異なる。大半の農業がこの状況で、それでも民俗を伝え、神話を語り、祭礼を執り行うなら、現状を変革させていく想いがあってこそ真実味が伴うだろう。

近代農法の背後にひかえる主流の発想は、稲に関わる民俗、神話、祭礼と対立している。しかし、自然、生きものを急速に改変することで、最高効率で最大利益を得ようとする近代農思想の行き過ぎを認め、過剰な農薬、肥料を減じ、生きものの自生的な力を活かす道を歩もうとするとき、民俗、神話、祭礼との接点が生まれてくる。

人は、古の経験を別世界に閉じ込めておくのではなく、自らの実感をもって新たなフォークロアを語り、神話的物語をつむぎ、自分たちの祭礼を、こころをこめて実施し、今と古とを共存させていくこともできる。

近代農法で貫徹された世界から、生きものとしての米が示してくれる生命と文化の時空へとこころを転じ、土地の再生プロセスそのものに価値を置くよう、発想を転換してみる。たとえ農薬・肥料依存の米を食べており、それによって農地が疲弊し、国土が汚染されている状況のただ中にいたとしても、そこに再生のプロセスが含まれるなら、新たな物語が誕生しているのだ。

そして、希望は米がたんなる商品ではなく、列島の自然、生きもの、人と長年月の過程を経た共存の実績をもつ生きものであるという、シンプルな事実からくる。

この再生プロセスに適う米、稲、水田の生態学、生物学、農学、また、食の科学や医学研究は、いくらでも必要だ。近代農法は近代科学と手を携えて進展してきたため、伝統農法、自然農法を科学的に解明し、近代農法から自然農法への移行プロセスそのものの効果を研究する課題については、未踏の領域が大きく広がっている。

この困難は、再生可能エネルギーへの転換に伴う困難と同型だ。地球温暖化問題の解決のためであっても、直ちにすべてを放り出して再生可能エネルギーに切り替えることは難しい。化石燃料発電や原子力発電には多くの利害も関係している。しかし、温室効果ガスを発生させる資源、枯渇性資源、放射性物質に依存した発電を維持する発想と、低減させていこうとする発想とでは、根本的な違いがある。

同様に、再生可能農業に徐々にシフトしていく思想をもちうるかどうかが大きなわかれ道である。電気と異なり、農作物はわたしたちの体内に直接取り込まれ、活動の源となる。再生可能農業は、再生可能エネルギーに勝るとも劣らず重要だ。

再生可能エネルギーの比率を上げていくには、化石燃料発電や原子力発電と対立的にのみとらえるのではなく、シフト・プロセスを考える。同様に、再生可能農業の比率が上がれば、農薬、肥料を製造、販売する仕事は減り、土壌の再生やケアをする仕事は増える。もし、農薬、肥料を製造、販売してきた企業・団体が土壌の再生やケアを手がけるようになれば、製造業、流通販売業において社会問題解決型ビジネスが強化されていくだろう。

人と米は、列島で長年月の過程を経て共存してきたにもかかわらず、近代農法の追求が土壌、米、人自身に大きな負荷をかけるにいたった。その背後にひそむ世界観、時空観を相対化し、再生のプロセスを歩み始めようとするとき、米に関する異なる分野の学問と実践は互いを補強し合い、新たな存在意義を獲得するだろう。分裂し、関係性を喪失し、隔絶していた状態から、共存と再生のプロセスに転換していくだろう。

自然栽培に取り組む年数によって、一年目の米から十年以上の米まで、それぞれの価値を見出し、農業と土地再生物語を融合していこうとする試みもなされている。

福岡正信《まさのぶ》（『自然農法・わら一本の革命』一九七五年）等による提唱以降、自然農法は注目されながらも、手間、収量、効果に関する批判が常に投げかけられてきた。しかし、大事なことは、メーカーの種・農薬・化学肥料を用いた一般の米、減農薬・減化学肥料の特別栽培米、有機米、自然農法による自然栽培米などのカテゴライズにとどまらず、どの栽培法でも農薬・肥料を減じ、米と土壌と周辺環境を再生させていく過程そのものに着目して、知識と知恵を結集し、新たな価値を創造していくことだろう。

民俗、祭礼、神話が表してきた人知を超えるもの

田の神の民俗、祭礼、神話には豊かな世界が広がる。

山の神は、春になると降りてきて田の神として見守ってくれる。稲が無事、実りをつけ、収穫が済み、田仕事が終われば、収穫物を人びとと食し、また山に帰って、次の春を待つ。日本民俗学の泰斗たちを回顧すれば、まだ種籾《たねもみ》が採られていない稲塚《いなづか》は、穀霊誕生の装置であると柳田國男《やなぎたくにお》は表現し、稲刈りののちに束ねられた藁塚《わらづか》は、神の依代《よりしろ》であると折口信夫《おりくちしのぶ》は述べた。また、猪が山の神の化身として田の神にもなり、亥《い》の子神《こがみ》と呼ばれると宮本常一《みやもとつねいち》は考えた。

山には亡くなった先祖の霊が休まるとも信じられたことから、田の神のイメージには山の自然、生きものとともに先祖の面影も伴っていた。さらに、牛や馬に頼る農事だったため、亡くなった牛馬の霊も、道祖神《どうそじん》や土地の仏である地蔵などの存在に連なって田仕事を見守ってくれると考えられた。

田が開かれる以前に棲《す》んでいた生きものの代表、神の化身として蛇が観念され、土地の使用を認められた感謝の念を忘れず、収穫後の藁で藁蛇をつくり、供養の祭事を行うなどした。田には稲をかじる様々な虫たちが訪れるが、悪しき存在として殺傷するのではなく、実りをつける前に遠くにいってもらう発想で虫送りの行事が営まれた。

田の神が人びとに一年の田仕事を一つひとつ示し教え、無事の実りを前もって祈る予祝《よしゅく》儀礼の田遊び（東京都板橋区、二月下旬）。稲の神が花になって到来するとも考えられた桜の花見。神宮《じんぐう》の神さまに供える米を神田《しんでん》で育てるための御田植初《おたうえはじめ》（三重県伊勢市、五月初旬）。これも田の神が田仕事を示してくれる壬生《みぶ》の花田植《はなたうえ》（広島県北広島町、六月第一日曜）。その他、御田植神事《おたうえしんじ》（和歌山県田辺市、伊作田稲荷《いさいだいなり》神社、五月五日）、つぶろさし（新潟県佐渡市、六月十五日）などの田植えにまつわる神事。棚田での虫送り（三重県熊野市、丸山千枚田《まるやませんまいだ》、七月初旬）。収穫、一年の田仕事の終了後、田の神に感謝して食事を捧げてもてなすアエノコト（石川県奥能登地方、十二月四・五日）。

また、ご先祖に捧げるお供えの米。

天皇が大嘗祭、新嘗祭《にいなめさい》、神嘗祭《かんなめさい》において、神職がそれぞれの神社の祭礼で、神々に捧げる神饌《しんせん》。

仏に捧げる供養物《くようぶつ》としてのお仏供米《ぶくまい》。

このように、民俗、神道、仏教の世界では、米、稲、水田が、人びとを見守り、救いをもたらしてくれるとされた神々、先祖、仏等の人知を超えるものと、深く結びついて観念されてきたことがわかる。

さらには、『古事記』、『日本書紀』の神話が記している穀物・食物・牛馬の神々と溶け合った稲霊《いなたま》の性質が、リアリティをもって伝わってくる。日本各地の稲荷神社に祀《まつ》られる穀物神で食物神のウカノミタマ（稲荷神《いなりしん》）は延喜式祝詞《えんぎしきのりと》では稲霊と記され、同時に農業神、産業神でもある。稲霊は穀物一般の神と重なり合い、稲籾の生命力は農業神、産業神につながっている。伊勢神宮外宮《げくう》に鎮座し、内宮《ないくう》の天照大御神《あまてらすおおみかみ》に食事を捧げる穀物神・食物神のトヨウケビメは、この稲荷神にも重ねて観念される。上一宮大粟《かみいちのみやおおあわ》神社（徳島県）等に祀られる五穀神で養蚕《ようさん》の神オオゲツヒメも目から稲を出し、やはり稲荷神に重ねられる。稲荷神社や東日本に多い駒形《こまがた》神社等に祀られる食物神・穀物神・牛馬神のウケモチは口から米の飯を出し、死してはその腹から稲を出した。これも稲荷神やオオゲツヒメに重ねられる。トヨウケビメ、オオゲツヒメなどが稲荷神に習合して観念されるように、稲の霊が結びつく神は女神的性格が強い。

民俗、神話、祭礼が多様に表現してきた人知を超えるものは、人の能力、判断、作用の及ばない領域が米をめぐる関係性にもあることを暗示してきた。先人たちは民俗、神話、祭礼によって、人の手が及ばない領域を想定し、文化にその領域への接触面を設けてきたのだ。

これを、科学的には反証可能性の前提や、計算不可能な非アルゴリズム的事象の想定とも通じ合う姿勢と解すれば、人が自然、生きものに関わる上でいかなる謙虚さ、節制、また柔軟性、想像力が必要かを考えるために、民俗、神話、祭礼は尽きることのない泉であることがわかってくる。

神々や先祖、仏に捧げられる米、神の霊が宿るとされた稲が、固有の土地から分離して開発された種を用い、農薬、化学肥料を加え、土地に過剰な負荷がかかる大型農業機械を導入して育てられ、収穫されうると考えることはほぼ不可能だ。民俗、神話、祭礼は、現代日本の一般的な米づくりに対して、別の世界観を切々と訴えている。

今日では、大人ひとり一年分の米をつくるのに平均二十五時間の労働しかかからず、トラクター、田植機、コンバイン、農薬の導入によって、五十年で作業時間は七分の一にまで短縮したという。米づくりは、野菜づくり、畜産と異なり、他に主要収入となる仕事をもちながら、片手間で行える仕事になった。

その過程で、安全で、自然環境を保ち、栄養価が高く、豊かに実りをつける米づくりの耕作技能が急速に失われてきた。

民俗、神話、祭礼が保持している世界観は、今日の生態学者や農業経済学者による、行き過ぎた近代農法のもたらす環境被害や米の実質的な品質低下に対する警告と、矛盾なしに整合する。

民俗、神話、祭礼は、稲を生きものとし、田を生きものの場としてとらえる生態学、再生可能農業を唱える最新の農業経済学と多くの価値観を共有できる。

商品としての米に偏りすぎた近代農法の限界を乗り越え、生きものとしての米に注目し、米と五つの存在（自然、生きもの、人、つくられたもの、人知を超えるもの）の関係性を問い、その調和を求めることは、現在と過去、自然と人、学問と学問の分断の迷路《ラビリンス》から脱し、新たな文化を生きるきっかけになるはずだ。

人と米は痛みと希望を、ともにしている。

第五章

見えざる矛盾、新型ウイルス

Invisible Contradiction, New Virus

一　新型ウイルスとメタファー

負の深淵

第一章、第二章で見出した、わたしの時空、人の時空、生命と文化の時空を通じて世界に向き合うとき、ところどころに、とらえ難い深淵が口を開けている。それは一人ひとりの有する関係性が限られているためでもある。すべての位相の関係性をその都度、把握できるような何かがあるとしたら、それこそ、人知を超えるものの代表的存在といっていいだろう。

わたしたち人は、過ち、悩みながらも、今を生きる主体性をつくられたもの（人工知能）にゆだね、手放してしまうことはできない。自然、生きもの、人知を超えるものとの調和的な関係性を回復しながら、偏りがちな世界観をどうしたらより柔軟なものにしていけるだろうか。

　そのためには、とらえ難い深淵のうち、わたしたち自身に起因する負の深淵の側面に正面から向き合ってみることが必要だ。人としての主体性を保持するには、足下に口を開けている深淵に目を向け、謙虚の念を同時にもつことが欠かせない。統一時空の世界観だけでは、このような洞察をもつことは難しい。負の深淵を前提としないことによって、人と社会について楽観的な面だけが強調され、望まざる結果を招いてしまうかもしれない。

　そこで、関係性の裂け目や外部に生じる負の深淵をとらえるために、動くメタファーにこころを向けてみたい。

メタファー的アプローチ

　わたしたち人はメタファーというこころの働きを有している。メタファーは存在、関係性への関心と、それらへの理解の範囲を広げる。こころのなかで、AとBとを対置し、たとえの天秤に乗せ、異なる対象を並べて置くことで、考察し難いものを理解する手助けとなる。英語でmetaphor《メタファー》は、運び方や表現法を変える、という意味の古典ギリシア語 metapherein《メタフェレイン》（meta 変える＋ pherein 運ぶ）に由来する。対応する日本語の、たとえ、については語源が定まらないが、立つ、見立てなどを想起させる。

　わたしたちは、自身として、人として、あらゆる関係性を自覚、意識し、理解できるわけではない。けれども、AをBのメタファーと見立てることで、Aの存在とAの有する関係性の特徴をヒントにして、とらえ難いBの存在とBの有する関係性とを理解する手がかりが得られる。

第五章では、新型ウィルスをメタファーとして、人による負の深淵について考えてみたい。新型コロナウイルスのパンデミックを経験したわたしたちは、今後の文化、文明の構想に、多くの新たな発想、行為を試していくだろう。その過程でこのウイルスは、メタファーとしていかなる問いを投げかけるだろうか。ホモ・サピエンスであるわたしたち人に特有なメタファー的思考を長期的にいかに刺激していくだろうか。

メタファーは観察、実験、シミュレーションなどの科学的アプローチとは異なる方法だ。対象として切り離して客観化せず、自分のこころや頭を用い、自身のなかで考える。向き合っているものについて何を考え、どういうイメージをこころに浮かべるのかは、一人ひとり違う。似た考えにいたることもあるだろう。しかし、百パーセント同じではなく、微妙にニュアンスが異なってくる。こうした一連の過程がメタファーの特徴である。それぞれの固有さを認め合っていく新たな方途を探ろうとするなら、お互いのメタファー・アプローチを尊重しつつ耳を傾けなければならない。

新型コロナウイルスという見えざる矛盾

新型コロナウイルスに感染すれば、倦怠感を覚え、匂いが感じられなくなる、味覚がなくなる、肺の状態が悪化する等、様々な症状が現れてくるが、発症数日前から発症初期が他者に移してしまう感染力がもっとも強い時期とされる。感染していても症状が出ないことも多い。

この性質自体は観察される科学的事実だが、このような存在から人はいかなる示唆をえたのだろうか。

新型コロナウイルスについては、わかることと、わからないことの双方が増大し続けた。たしかにＤＮＡやＲＮＡの分析により、その構造は解析されてきたが、次々に変容し、遺伝子の一部が少しずつ違う変異体が生じてくる。

中国湖北省武漢市で最初の患者が出たとされる二〇一九年十二月上旬からわずか五カ月余りで、新型コロナウイルス感染症（COVID-19《コービッド ナインティーン》）を引き起こす原因ウイルスSARS-CoV-2《サーズ コブ ツー》の塩基配列に生じ続ける変異を迅速に可視化する国際プロジェクト、ネクストストレイン（Nextstrain）が、すでに五千種類以上の変異体が生じていることを公表していた（ＮＨＫスペシャル「新型コロナウイルス ビッグデータで闘う」二〇二〇年五月十七日）。二〇二一年五月末から使われているアルファ株、ベータ株、ガンマ株、デルタ株等の名称は、世界保険機関（ＷＨＯ）が膨大な変異体の各系統を分岐群としてまとめ、ギリシア文字で名づけたものだ。ネクストストレインＷｅｂサイトに公開されている「新型コロナウイルスのゲノム疫学——グローバルサブサンプリング」（'Genomic epidemiology of novel coronavirus-Global subsampling' subsampling ではサンプリングされたデータからさらにサンプリングして解析する——筆者注）では、二〇二一年八月末で、

SARS-CoV-2の完全なゲノムが数百万存在し、その数は日々増加していると解説されている。
変異自体は続いていく。次に塩基配列の異なるどのようなバリエーションが登場してくるかは完全には予測できず、ＤＮＡやＲＮＡの構造が解析されても、変異が続くかぎり全貌を知り尽くせるわけではない。

この新型ウイルスが自然、生きもの、人とどう関わるのか。また、文化、文明には人によってつくられたものが山積している。マスク、ゴム手袋、アルコール消毒液等とこのウイルスがどういう関係をもつのか。その反応自体も、スーパーコンピュータによるシミュレーションが続々と行われ、重要な研究課題とされてきた。ある人工物の上では、どれくらい活性状態を保ち続けるのか。今後の変異も、影響関係も予測できない。

わかったことも人工知能（ＡＩ）による学術論文解析を活用するほどに多いが、わからないことにも独特の際限なさがある。新型コロナウイルスの見えざる領野といえよう。

そもそも、ウイルスは人の肉眼では確認できない、極小の存在だ。対象を特定すれば電子顕微鏡で観ることができるが、リアルタイムで拡散しているすべてのウイルスを観察することは不可能である。あまりにも小さく、いろいろなところに紛れ込んでいる。下水のなか、空気中のごく一部を観察できるのみで、見えざる領野が常に伴う。

そして、この見えないという特徴に、矛盾という言葉を組み合わせれば、いかなる光景が現れてくるだろう。矛盾とは、わたしたちに負の影響を及ぼすような事態が生じてくる原因、また負の結果そのものを意味することにする。

新型ウイルスは、こうした見えざる矛盾としての影響を世界中に及ぼし続ける。ウイルスによって世界、人の文化、文明のかたちがいかように変わってきたのか。わたしたちの文化、文明は変わらないところもあり、すでに生じていた変化が加速される面もあるが、長期的に思いもよらぬ領域に根本的変化が生じることもある。

感染症対策に限定しても、毎回新たな事実がわかり、以前の知見が書き換えられ、ニュース疲れをするほど情報が溢れた。しかし、新型コロナウイルスをメタファーとしてとらえるなら、どのような世界が開けてくるだろう。

二　動くメタファー『ペスト』

『ペスト』を書き、『ペスト』を読む

メタファーとして伝染病を用い、深い哲学的、思想的考察を試みた小説作品がアルベール・カミュの『ペスト』（一九四七年）だ。新型コロナウィルスのパンデミックによりあらためてベストセラーになり、メディアや識者によっても多く参照された。

ペスト自体は生物学的な生命活動を行わないウイルスと異なり、細菌に分類される生きもの

である。中世ヨーロッパで、人口の数分の一が命を落としたといわれるほど致死率の高い感染症を引き起こしてきた。

カミュはこの生きもの（ペスト）を、人を死にいたらしめるような人自身による理屈や抑圧のメタファーとして用いた。

『ペスト』が発表された時代性に注目すれば、第二次世界大戦終結後、二年ほど、戦時中、ナチス・ドイツの占領下にあったフランスで、自由を求めたレジスタンス、抵抗運動をカミュも続けていたとされる。

ナチスは進化論を都合よく歪曲した思想を推し進め、自称もっとも優れるアーリア人種にとってユダヤ人は脅威であるとして、存在を認めず、「最終的解決」の計画を実行して大量虐殺《ホロコースト》を引き起こした。人から生まれた思想が、同じ存在に対して死ぬべきだと判断する。その生を認めないとして死刑宣告を下す。強権的、独裁的な思想であるファシズムと人種差別が、現実の歴史社会的条件下に増殖し、体制の広範な領域を支配して、前例のない規模の殺戮《さつりく》をもたらした。ナチスの占領下、カミュや同時代の人たちは、人の存在に対する抑圧、弾圧、死刑宣告の脅威にさらされた。その極度に閉鎖的で、抑圧的な時空間で何を考え、感じ、いかに生きうるかの究極の難題に直面した。

大戦終結によってナチスからは解放されたが、自分たちが経験した悪夢とは何だったのか、それを振り返る余裕はない。

ありのままを振り返るには、様々な事実が明るみに出てしまうため、とても全体像を把握し、その本質を語ることなどできない状況であった。カミュは、別の何かを語り、それをメタファーとすることで、同時代の経験を総合的にとらえようとした。『ペスト』における歴史性の欠如を鋭く批判した思想家ロラン・バルトとの論争のなかで、カミュ自身、ファシズムのメタファーとしてこの作品を描いたと証言している。

一九四〇年代後半、ヨーロッパではペストの最後の大流行はすでに二百年以上も前、もっぱらリアリティを求めるなら十九世紀前半のコレラ、二十世紀初頭のスペイン風邪を扱う方が理に適っていた。

もっとも、同時期の大日本帝国陸軍（七三一部隊等）とその負の遺産を受け継いだ米軍が、生物兵器としてペスト菌増産を推進した事実をカミュが知っていたなら、本作のディテールは、あるいは異なるものになっていたかもしれない。

カミュの作家的想像力は、次のように舞台を設定した。

フランスから地中海を渡って北アフリカに行けば当時の植民地アルジェリアに、オランという都市がある。この植民都市にペストが発生する。周辺地域、フランス、ヨーロッパに影響を及ぼさないよう植民地総督府の命令によってロックダウン措置が取られ、市民は逃れることができなくなってしまう。

ナチス・ドイツ軍の侵攻であっけなくフランスは降伏し、自由の共和国は失われ、占領が始まる。誰もそこから出ることはできない、閉じ込められてしまった状況。これを、新種ペストが突如蔓延し、都市封鎖がなされ、抜け出ることができなくなるというフィクションによって、暗に示す試みに挑んだということだ。周到な言語表現が縦横に駆使され、映画、漫画、ゲーム作品では表現できない繊細で深い世界に入っていき、読むことの現象学的体験を実感できるノベルだ。読者はオラン市の住民や訪問者の視点で、いきなり不可逆的災厄が広がっていく事態をバーチャルに経験する。

新型ウイルスのパンデミックによって各種宣言が出され、行動が制約、制限されるなか、わたしたちは折々に様々なことを考え、特異な感覚、感情をもったが、その一つひとつをなかなか整理できない状態に陥った。異常な日常にどうにか対処していくために思考、行為の一つひとつをバラバラにし、答えや納得が得られないことは、いったん脇に置かざるをえなくなった。

七十年以上前に執筆された、遥か遠い北アフリカの植民都市を舞台にした作品にもかかわらず、自分も近い考えをもった、こういうことはたしかにありうる、事態を凝縮してとらえる助けになる、と感じる。共振《レゾナンス》を、パンデミック下において実感しうる、他に代え難い作品の一つだ。

それは、単純なたとえではない。ペストという、自然界の非常に小さな、感染症を引き起こす生きものと、致命的な思念——見えないがどこかでそういうものが人の世界、社会のなかに生まれてきてしまう負の思想、その両方を俎上に載せた上で、見えざるもののもたらす帰結を正視しながら、人が体験しうる、深く、不気味な、この世界という場に生じうる悲劇的様相を、淡々と浮き彫りにしていく。

ペストは、情け容赦なく襲う。

多様な形態のファシズムも、情け容赦なく人、社会を襲い、死刑宣告を下していった。その複雑な様相をトータルに把握するにはいかにすればよいか。困難な時から遠ざかるほど、大衆扇動的なプロパガンダに、なぜあれほど多種多様な人びとがこころを許していってしまったのか、理解不能になる。そして、そうした状況を放置すれば、再び、別のかたちで同じような悲惨を招いてしまうだろう。別の時代からながめれば、明らかにおかしさを指摘できようが、同時代を生きる立場からは、自身を保つことがきわめて難しい。まさに新型病原体のせいで隔離されている状況下でなせることが、これほどに限られてしまうように。

致命的思念

『ペスト』の主人公はリウーという青年医師だ。不気味な病が広まり始めた最初期から医療従事者として、新種病原体に向き合う。新たな感染症に対処し、様々な患者を診察し、できるかぎりの治療を試みていく。作中では公務員、神父、ジャーナリスト、犯罪者として、じつに印象深い人物たちが登場する。そのなかで、タルーという青年が謎めいた人物として浮かび上がる。

フランス本国のパリと思われる都会からオラン市にやってきて自由な生活を送っている。定職についているように見えない自由人で旅行者、一時滞在者のようでもある。しかし、傍観者と思われたタルーは、途中から自発的組織を立ち上げ、ペストに罹《かか》った人びとへの合理的で人間的な対応を模索し、病全体に抗して闘う、一種のリーダーのような役割を果たしていく。やがてリウー医師とも友人のようになっていく。

よそからきた、一見、気ままな生活を送っていたこの人物が、なぜペストに全面的に抗するまでになっていったのか。個人的動機は作中最後半になるまで明かされない。リウーも、何の義務もなく助けてくれるこの人物を不思議と感じながら、援助を受け入れてきた。そのタルーが、自身の特異な動機を、穏やかな海水がひたひたと胸に打ち寄せるような言葉で告白していく。

少年時代、自分を可愛がってくれた、検察官の父がいた。その父を尊敬していたし、愛していた。ある時、立派な仕事をしていることを知ってほしいと、父は裁判所に息子を呼んだ。家のなかではいつも朗らかな、子ども思いの人がどのように働いているか、好奇心をもって息子は訪ねていった。

すると、たまたまある重大事件を犯した――いかなる事件かは作中明記されない――男がおびえている様子でいて、赤い法服姿ですっかり変わった父が大仰な言葉で論告を始め、その首が落ちるべきだという。その場面を目の当たりにしてしまう。

少年は男の犯した罪より、父が社会の名において死を要求していることに敏感に反応した。様々な理由があるにせよ、人が同じ人たる存在に対して死ぬべきだと述べ告げる、そのような言葉と態度を支える思考、思想が歴史上存在してきたし、今も社会にある。それを受け入れるのか拒絶するのか、態度を決めなければならないという強迫観念にとらわれていく。他ならぬ愛していた父が何度となくそのような要求をしては、死刑宣告や刑の執行に立ち会っていた事実を知ってしまったのだから。少年は成長するにつれ、この強い負い目を一般化していき、気がつけば人生の一大問題になっていた。

カミュの文学を語るとき、不条理がキーワードとして定着しているが、現代日本語として日常会話ではほとんど用いられていない。フランス語でばかげたという意で日常的に用いられる言葉 absurde《アブシュルド》 の名詞形（absurdité《アブシュルディテ》）の訳語として当てることに違和感が残ってしまう。そこで、不条理ではなく、ここでは、より日常的な、致命的という表現を用いたい。

さて、何かの仕事をすれば、それほど意識や自覚なく、誰かに対して致命的な思念を現実に適用する立場に立たざるをえなくなるかもしれない。人に対して何らかの評価、判断を下さねばならないとき、一人ひとりの人格を尊重した判断をなしうるだろうか。ある人には認めるが他の人には認めないという判断をせざるをえない局面を、無自覚に受け入れてしまうことはないだろうか。タルーは、このような強迫観念から、勉強に励み、いくつもの仕事についてみるが長続きしない。

なんとか試行錯誤しながら、どんな人に対しても「死」を宣告しなくてもいい、そういう生き方を実現しなければならないと、その想いで生きてきた。そして、オラン市にやってきてペストの発生に遭遇したとき、まさに自分の人生が試されていると感じたのだ。自分は、ペストにいかに対抗できるか、それにこだわらざるをえなくなっていた。

タルーは、そう、こころの彷徨を告白する。

動くメタファー

彼は、友と認めたリウー医師に語り続ける。

そうして、そういう理由で、僕は、直接にしろ間接にしろ、いい理由からにしろ悪い理由からにしろ、人を死なせたり、死なせることを正当化したりする、いっさいのものを拒否しようと決心したのだ。

（アルベール・カミュ『ペスト』一九六九年（原著一九四七年）、三七六頁）

ここでは死刑制度の是非にとどまらず、人が意識的、無意識的にこころを働かせ、そこから生じた発想を、やがて社会において暗黙に容認し制度として根付かせる過程で、人が人自身を死なせることを正当化しうる事態が生じてこざるをえないという、一般化がなされている。

そのすべてを拒否したいという考えにとらわれた人物像が造型されている。この青年は、トラウマから逃れたいと願いながら、その困難をも自覚する。

同じ理由でまた、この疫病《えきびょう》からも、僕はなんにもあらためて知るところはないし、あるとすれば、君たちのそばで、そいつと戦わねばならぬということだけだ。僕は確実な知識によって知っているんだが（そうなんだ、リウー、僕は人生についてすべてを知り尽くしている、それは君の目にも明らかだろう）、誰でもめいめい自分のうちにペストをもっているんだ。なぜかといえば誰一人、まったくこの世に誰一人、その病毒を免れているものはないからだ。そうして、引っきりなしに自分で警戒していなければ、ちょっとうっかりした瞬間に、ほかのものの顔に息を吹きかけて、病毒をくっつけちまうようなことになる。（同、三七六頁）

作者カミュがメタファーとしてペストをとらえていることが明らかに汲み取れる、有名な場面だ。それにしてもなぜ、タルーは新たな感染症に対し、何にもあらためて知るところはない、と断言しているのか。それは彼がペストを自身のこころの最奥でメタファーとして受けとめるという特異な成り行きを、まさに体現しているためだ。もちろん、感染症の全容とその治療法は医学的に解明されていない。しかし、人のこころのうちにひそむものなら、この青年は観察し、考え抜いてきた。つまり、彼は致命的思念をメタファーとして用い、新種病原体を理解している。作者はこれを反転させて、今度はペストをメタファーとして自らと読者に、ファシズムの脅威の全容をつかませようとしているのだ。

タルーは致命的思念とペストとを対置する。そして、致命的思念が起因となって生じる関係性とペストによるそれとの透徹した比較の視座を得、新種病原体が引き起こす新たな感染症への洞察をわがものとし、対処法を見出していたのだ。

自然科学的にペストを観察すれば誰もが罹りうることと、負の思想に傾いてしまう傾向性が対比される。このメタファーが、作者によって客観化された思考ではなく、ひとりの人物のなかで作動している点が重要だ。

あの人は死んでも仕方がない、何かそのように考えてしまう。こころのなかで他の人を殺してしまう、ふとそういう思念が起こってしまう。その及ぼす影響の範囲や帰結は想像し難い。思うだけでは実際に死に加担するわけではない、と考えるのが常かもしれない。

しかし、彼はこの思念に対して過敏にならざるをえない。誰でもペストに罹るように、負の思想をもちうる状況に投げ込まれているのだとして、世界を見ている。

ユダヤ人のみならず、知的、身体的なハンディキャップをもつとされた人びと、あるいはジプシーのような独自の文化を有する人たちに対しても、幅広く差別意識が向けられていった。まるでペストが蔓延するように、無数の人びとが、多かれ少なかれファシズムに加担してしまった。特定の人が死んでしまっても仕方がない。そのような生き残りの思想を許してしまう社会状況が生じたのだ。

人のこころに恐ろしい考えが浸透していくあらゆる様相が、自然現象のペストが蔓延していく、そのたとえを通じて浮かび上がる。カミュは、ペストと人を死に至らしめる思念、制度との両方に深い警戒心をもつ人物像を造型することによって、この動くメタファーを作動させる類を見ない試みへと足を踏み入れる。

タルーは続ける。

――健康とか無傷とか、なんなら清浄といってもいいが、そういうものは意志の結果で、しかもその意志は決してゆるめてはならないのだ。りっぱな人間、つまりほとんど誰にも病毒を感染させない人間とは、できるだけ気をゆるめない人間のことだ。しかも、そのためには、それこそよっぽどの意志と緊張をもって、決して気をゆるめないようにしていなければならんのだ。実際、リウー、ずいぶん疲れることだよ、ペスト患者であるということは。しかし、ペスト患者になるまいとすることは、まだもっと疲れることだ。つまりそのためなんだ。誰も彼も疲れた様子をしているのは。なにしろ、今日では誰も彼も多少ペスト患者になっているのだから。しかしまたそのために、ペスト患者でなくなろうと欲する若干の人びとは、死以外にはもう何ものも解放してくれないような極度の疲労を味わうのだ。

（同、三七六、三七七頁）

誰も彼も多少ペスト患者になっている、という表現は、この感染症が、発症してみなければ誰が罹患しているかわからず、逆に、罹患していないと証明する検査手段もないことを言い当てている。彼はそのことを致命的思念との独自の格闘を通じて洞察しているのだ。

差し当たって、僕は、自分がこの世界そのものに対してなんの価値もない人間になってしまったこと、僕が人を殺すことを断念した瞬間から、決定的な追放に処せられた身となったこと、を知っている。歴史を作るのはほかの連中なのだ。僕はまた、自分が、そういうほかの連中を、あからさまに批判できないことも知っている。理性的な殺人者というものには、そうなれる一つの特質があって、それが僕には欠けているのだ。だから、それは何も優越性じゃない。しかし、今では、僕は本来の自分になることに甘んじているし、謙譲ということも学んだ。ただ、僕がいっているのは、この地上には天災と犠牲者というものがあるということ、そうして、できうるかぎり天災に与《くみ》することを拒否しなければならぬということだ。これは君にはあるいは少々単純な考えのように思われるかもしれないが、果たして単純な考えかどうか、とにかく僕は、これが真実であることを知っている。

（同、三七七頁）

この会話の後、二人は友情の記念に夜の海水浴に出かけ、温かい波と月、星影につつまれるが、やがてタルー自身にもペスト菌は牙を剝《む》いていく。

逃れることが難しく、仕方がないという考えが蔓延しがちな世界で、人に犠牲を強いる思念に加担しないで居続けることは容易ではない。しかし、タルーは天災ペストにたとえた致命的思念に与せず、犠牲者の側に立つことを選び続けた。

『ペスト』に作動しているのは表層的なメタファーではなく、ペストと致命的思念とを対置する独特な人物が体現しえた行為的メタファーであり、動くメタファーなのだ。

三　見えざる矛盾

メタファー間ダイナミズム

新型コロナウイルスに対抗できても、新しいウイルスはこれからもやってくる。では、新型ウイルスはいかなるメタファーとして受けとめうるだろうか。

あるものを別のものでたとえるメタファーは、人の文化、文明の創造に決定的役割を果たしてきた。自然や生きものは、化学組成、ＤＮＡが分析され、科学的に研究される対象であるだけでなく、メタファー的存在にもなってきた。わたしたちは多種多様なメタファーを通じて、思考する関係性の範囲を広げ、展開することが可能であり、ホモ・サピエンスはそのようなこころの能力を有している。

パンデミックのような状況下では、イメージを浮かべ、言葉に置き換えることを非常に難しいと感じることがあるが、それでもメディアや専門家が語りえない何かを、一人ひとりが固有に感じているはずだ。こう考えるのが正しい、これは間違っていると性急にはまとめえない。一方で自然科学的アプローチに目を向け、耳を傾けながら、他方で自らの生活のなかでこそイメージの湧く、ある何かを見つけ、考えていく。メタファー的働きは、人によって様々な展開を見せている。

しかも、メタファーは一つではなく、固定していない。あるメタファーが別のメタファーを誘発し、そのメタファー間のダイナミズムにおいて、興味深いこころの変化が現れてくる。変異していくのは新型ウイルスだけではない。

『ペスト』も動くメタファーの発露であるとともに、それ自体、もう一つのメタファーを誘発する力をもっている。たとえからたとえを導く。これがこの作品が広く読まれ続ける理由だろう。現代の読者は作中に描かれるペストをメタファーとして、その手がかりをもって、今度は、新型ウイルスとそれに翻弄される自分、取り巻く社会を理解しようとする。そして、その次には新型ウイルスをメタファーとして、さらに世界の深淵の一端を洞察しようと試み始めるだろう。

見えざる矛盾――現代における煩悩と罪

感染症の蔓延により、『ペスト』でも、予想外のふるまいをし、壁をつくり誤った情報、偽のニュースに寄りかかり、それを流したりする、人のこころが怖いという、とらえ方が登場する。

新型コロナウイルスでも、コロナより怖いのはSNS上のバッシング、流されるフェイクなニュース、このウイルスに罹った人や罹る危険があるなかで働いている医療従事者とその家族に対する差別的な言葉、扱い、人のこころの狭さが怖い、という指摘が相次いだ。

だが、人のこころが怖いというとき、どちらかといえば見える対象として発話される傾向がある。それはSNS上の差別的な文字として、医師や看護師の子どもは学校や保育園にこないでほしいとする身勝手な主張として外に現れてくる。もちろん、差別的なふるまい、発言は克服すべき問題だ。

しかし、観察し、対応しようとしても見逃しが生じ、容易に把握できない人のこころの様相があるなら、つまりこれがさらなる難問だ。怖い、となかなか容易に発話、表現できない、良し悪しを見分けることが困難な、人のこころが問題だとしたら。そういう、見えざる矛盾が、新型コロナウイルスをメタファーとして受けとめるなかで、浮上してこないだろうか。

細菌で、生物学的に生命と定義されるペストに対し、ウイルスは生命かどうかの議論が専門的立場によって分かれている。DNA、RNAとそれを囲む殻や外被を有するが、生命現象の基本単位としての細胞を構成していない。つまり、必要に応じて物資やエネルギーを取り入れ、排出する代謝《たいしゃ》のような生命特有の活動をしない。自身では増えることができず、ただ寄生して増殖する。こういう存在が生命といえるかどうかは議論があり、多くの生物学者が、ウイルスは生命ではないとしてきた。新型コロナウイルスが死んだか死なないかなどと、生命（生きもの）のように表現されることが多いが、この意味では、細菌以上にとらえ難い存在である。

わたしたちはウイルスという存在を、テクノロジーのツールを介して自然の対象として認識し、生きものかそうではないかを判断する。その境界は判断により、ゆれ動き、グラデーションをなしている。生物学的な生命の一部が分離してウイルスができたのか、ウイルスが進化して生命が生まれたのか、まだわかっていないが、このような境界的な存在を、生きもののかけら、と言い表せるかもしれない。

生きもののかけらであるウイルスは、自然、生きもの、人において、未知の相互作用をくりひろげている。

そこで、新型コロナウイルスは、煩悩や罪などとしてこれまで仏教、キリスト教など宗教文化伝統が向き合ってきた、人のこころの負の作用のメタファーとして受けとめうるのではないだろうか。

カミュは新種ペストを、人を死にいたらしめる人自身による理屈や抑圧のメタファーとしたが、ここでは新型コロナウイルスを、致命的側面に限定せず、いっそう茫漠とした煩悩や罪のようなもの、人自身のみならず人以外の自然、生きものに対しても負の作用を及ぼしてしまう何か。もっと茫洋とした、いっそう自覚し難いもの。その何かを、見えざる矛盾と呼んでみよう。

負のこころの作用の全体ではないが、その一つの具体的側面を新型コロナウイルスのメタファーでとらえる発想は、他の論者にも現れている。ドイツの哲学者マルクス・ガブリエルは、新たな全体主義、デジタル権威主義体制の台頭に強い危機感を表明し、国境をまたいだ広い連帯と協力により、互いへの配慮と道徳哲学とを組み合わせ、様々な分断を乗り越える、より普遍的な「精神のワクチン」づくりを提唱した。ワクチンというメタファーの背後に、人のこころに潜む自由に対する抑圧志向の増大を新型コロナウイルスのパンデミックにたとえる発想が働いていることがわかる。

現代的状況において、神仏のような人知を超えるもの、人自身、さらにスマートフォンや人工知能のようなつくられたものへの信疑が、ゆれ動いている。わたしたちは何を信じていけばいいのか、という信念問題に常にさらされている。もちろん、フェイクニュースや認知バイアスを乗り越えるためには、様々なデジタルデータを横断的に分析、検証するオープンソース・インテリジェンスやファクトフルネスのような新たに広まったアプローチも有効である。しかし、わたしたちのこころは常にゆれ動いている。煩悩や罪という言葉は場合によって古めかしく感じられるとしても、宗教文化伝統には依然として人への深い洞察が含まれているのではないだろうか。

個人の尊厳――一人ひとりの人を尊いとするヒューマニズム、人間主義の考え方。表現、政治、経済、学問・教育の自由など譲り渡すことのできない人権。これらの保持を前提として、人工知能や生命工学など新テクノロジーの急進する現代には、ヒューマニズムに加え、人の見えざる矛盾の側面をとらえる思考がいっそう重要になってきているのではないだろうか。

こころと新型ウイルス

自分や他者のなかで、この今、どのようなイメージがこころに去来し、何を考えているのかは、いかなる最先端の観察装置を用いたとしても完全には見えない。そして、浮かんだ何らかのイメージがいかなる判断、行動につながっていくのか、神の視点での把握は不可能である。安易にそれが可能であると考えるなら、悪しき単純化の落とし穴に落ちてしまうだろう。

インターネットのサイト閲覧履歴や検索キーワード、何かを感じ考えているときにいかに神経細胞《ニューロン》の電気信号がやり取りされ、脳などの、どの部位が活性化するのか。Ｗｅｂ、身体のデータ集積から構築されるビッグデータは、観測技術が上がるほど可視化範囲を広げていくかにみえる。しかし、人のこころのなかに浮かぶすべてを可視化することが、今後、果たして可能になるのだろうか。現在のところいぜん困難と考える専門家が多いようだ。

脳の活性化部位の観察ができても、それはニューロンの働きで、こころに浮かぶイメージの質感そのものではない。この質感と外から観察する電気信号との間に、いかなる秘密の飛躍があるのか。そのレベルの差が何によってもたらされているのか、最新の脳科学をもってしても解明されていない。よく、意識のハードプロブレムという言葉で指摘される難問である。

敷衍《ふえん》すれば、観察技術やビックデータなど、わたしたちの行動記録を使っても可視化しえない、見えざる矛盾を、わたしたちのこころが抱えていると仮定してみても、非科学的として退けえないだろう。

見えざる矛盾を、見えないままに洞察する上で、世界的なパンデミックの状況は、今までにない示唆を与えたのではないだろうか。

新種ペストに独特な受けとめ方をしたタルー（カミュ）のように、新型ウイルスに独自の受けとめ方をする人は様々に出てきているだろう。ここでは、新型コロナウイルスをメタファーとしてとらえる一例を挙げてみたにすぎない。誰がタルーのように、メタファーによって異なるものを結びつける働きをするのか。

新型コロナウイルスが何のメタファーでありうるのか、考える人、受けとめる人それぞれにゆだねられている。

ウイルスと希望

ウイルスのなかには、他の生きものや人にとって悪いものばかりでなく、良いものもあり、解明されていないことが広大にある。

また、わたしたちのこころは正の可能性も有しているはずだ。その可能性を、近代以降のヒューマニズムに限らず、宗教文化伝統も、人を神の子、仏になる可能性をもつ存在等として、独特のとらえ方をしながら、希望の目を向けてきた。

近年の細菌学、ウイルス学の急激な進展により、人体には数十兆個のヒト細胞の、少なくとも数倍の細菌、真菌が生息し、さらにこれら体内細菌の数十倍のウイルスが常在していること、また、人の全遺伝情報であるヒトゲノムの半分近くが、人類の祖先の時代から入り込んだレトロウイルス由来の遺伝子で構成されていることが明らかになった（マーティン・J・ブレイザー『失われてゆく、我々の内なる細菌』、二八―二九頁。山内一也『ウイルスの意味論――生命の定義を超えた存在』九八、二〇一―二〇三頁）。

すなわち、わたしたちにとって細菌やウイルスという存在は外的であるだけでなく、本質的に内的な存在でもある。常在細菌は人の妊娠、脳の正常な働き、常在ウイルスは妊娠、そして常在細菌とともに美容、健康維持に大切な役割を担っている可能性を示す研究結果が、相次いで現れている（ブレイザー、同、一〇三、二〇一―二〇二頁。山内、同、九一、二〇二―二〇一頁）。この事実は、細菌やウイルスをメタファーとしてとらえる場合、新しい示唆を与えるだけでなく、今後、わたしたちの人間観を変えていくだろう。

細菌やウイルスそのものは、人のこころの働きではない。しかし、メタファーを介して、わたしたちは世界を理解する幅を広げることができる。細菌やウイルスの生きもの、人への関係性が正負に分断しえないグラデーションになっていることは、人のこころの働きを理解しようとする上で、重要な示唆を与えてくれているのではないだろうか。

第六章

自然、生きものの豊饒
——龍と龍鱗

The Fertility of Nature and Living Things:
Dragons and Dragon Scales

一 龍鱗の始原

生命と文化の時空を表すメタファー

先人たちは、人の想像力によってつくられたものをメタファーとすることによっても、自然、生きもの、人の複雑な関係性をとらえようとしてきた。東アジアにおいてはその典型例の一つが龍と龍鱗《りょうりん》だろう。自然に実在する多様な生きもののイメージを融合して想像の生きものを出現させることで、自然、生きものの関係性の豊饒《ほうじょう》と、その時空の可能性を直観する。わたしたちもまた、この想像のメタファーを文化として受け継いでいる。龍はつくられたものでありながら、生きものとしても観念され、それ自体が人と独特な関係性を結んできた。龍そのものが、生命と文化の時空の特異なメタファーとして作用している。

生命と文化の時空は統一時空に限定されない。だからこそ、想像のメタファーである龍は、人が共通に用いている日常の時間、空間を超えて、自在に行き来すると観念されたのだろう。完成から少なくとも二千数百年の伝統をもつ東アジア十二支時空システムの一翼を担い、その存在は、そのまま太陰太陽暦における年月日時と方位の一角を表している。

自然、生きものの豊かな多様性を象徴する龍は、それ自体の論理と人の願いの相互作用によって、予感や期待のなかに不意の驚きを与えるタイミングで、その総合的イメージの片鱗を人に現す。

また、鱗は、身を守ることと自由に動くことを両立させる。少ないパーツでできた外骨格や柔らかくても薄い外被には不可能な効果だ。龍が鱗族《りんぞく》の生きものの代表とも観念されたため、龍鱗は人びとを守り秩序をもたらすこと、自由をもたらすことの二つの願いを、トレードオフせず実現してくれる象徴的存在ともなりえた。

龍と龍鱗の始原

今日の考古学的調査では、龍の起源は西洋のドラゴンよりもさらに古く、地球の公転基準で八千年は遡る。最古期の龍の遺跡や出土物にすでに鱗の存在が見受けられる。約七千五百年前の十九・七メートルに及ぶ、龍とみられる遺構は石積みでできており（査海《さかい》遺跡）、輪郭だけでなく身体中に石が積まれていることから、当時の人びとが石を龍の鱗に見立ててつくったであろうと推定できる。また、同時期の土器の破片に掘られた龍の紋様も、鱗をかたどったものとみられる。

一九八〇年代以降の発掘調査の進展により、最古の龍の遺跡が、今日の中華人民共和国東北部、歴史的に満州と呼ばれてきた地域の南部において、内モンゴル自治区東部から遼寧《りょうねい》省西部をまたがって流れる遼河《りょうが》の上流域から見つかっており、龍は、新石器時代に、興隆窪《こうりゅうわ》、小山《しょうざん》、査海、紅山《こうざん》の諸文化において、採集狩猟民によって誕生、発達したと考えられるようになった。この龍文化がやがて南下して黄河中流域に達し、畑作牧畜民による約四千年前の二里頭《にりとう》文化を経て、夏《か》王朝、殷《いん》王朝などの初期王朝へと受け継がれ、さらに南方の長江流域の稲作民にも伝わったとされる。

遼河流域の文化では玉器《ぎょっき》も誕生するが、そこにも龍が象《かたど》られ、鱗紋様《うろこもんよう》が表現された作品を見ることができる。その形象と、約三千五百年前の殷王朝後期に誕生した最古の漢字である甲骨文字の、龍に相当する字形がきわめて似ていることが、研究者らにより指摘されている。甲骨文字の龍の字は約百二十種あるといわれ、そこに鱗のような形象が刻まれているものが多く含まれる。

現代日本では竜を常用漢字とし、旧字体の龍も合わせてよく用いるが、じつは竜の字体の方が甲骨文字やその後に登場する青銅器に刻まれた金文《きんぶん》などにつながる、より古い字体と考えられている。

さて、龍が、農耕に不可欠な治水を司るとされる蛇信仰にはっきり結びつくのは、黄河や長江流域の農耕民に伝えられて後だ。新石器時代の採集狩猟民が想像のメタファーとして誕生させた龍には、虎や猪、そして蛇にとどまらない爬虫類《はちゅうるい》、魚類など、様々な動物の形象が融合した、多彩なバージョンが存在していた。多くの遺跡や出土品から判明したことだが、最古の龍には、森林や草原で狩猟採集生活を営んでいた人びとの、多様な生きものとの関わりが投影されている。

後に海にも棲むと観念されていくが、龍の鱗に海水魚のイメージがもち込まれていないように見えるのは、龍の誕生が海の民によるものではなく、身近な淡水魚や爬虫類の鱗に接した採集狩猟民の経験が投影されたからだろう。蛇の信仰と融合し、また、海に棲むと観念されてからも、この始原のイメージは失われなかった。龍の鱗は蛇や海水魚の鱗によって置き換えられはしなかったのだ。

想像のメタファー

東洋の文化、文明において、龍が鱗族の長と説かれてきたことにも深い理由が潜んでいる。それは鱗を有する魚類や爬虫類の代表、起源を意味する。多様な動物たちが投影されて龍の鱗が観念されるようになったことの証左だ。人びとのこころと文化のなかでリアリティを獲得した龍が、反転し、今度は実在の動物たちがそこから派生してくるルーツとしても説かれるようになっていった。

したがって、龍鱗は、特定の淡水魚の鱗を移植したものでもない。一世紀末から二世紀にかけて後漢末に活動した学者、王符《おうふ》が唱えたとされる九似説《きゅうじせつ》では、龍の鱗は鯉に似るとされるが、八千年を遡る始原から見れば、後代の見解にすぎない。

むしろ、あらゆる動物の鱗の、身を守りながら自由な動きを実現する特質が投影でき、そのイメージが動物界を超えて、植物、自然現象、景観にまで及んでいくパノラマをながめる方がよい。採集狩猟民、畑作牧畜民、稲作民の、生きもの、自然との、あらゆる関係性のなかで生成してきたのが、龍と龍鱗という想像のメタファーなのだ。

龍には、完全な姿に変態する前の亜種として、鱗をもつ蛟龍《こうりょう》（みずち、ともいう）、翼のある応龍《おうりゅう》、角をもつ虬龍《きゅうりゅう》、角がない螭龍《あまりょう》、天に昇らない蟠龍《はんりょう》などがイメージされてきた。このことからも、鱗をもつ魚類や爬虫類だけでなく、鳥類、有角、無角の哺乳類《ほにゅうるい》など、じつに様々な生きものの存在が投影されていることがわかる。そのなかで、九似説のような発想も登場したのだろう。蛟龍は水中に棲み、雲と雨に会えば、乗じて龍になるという。その鱗は天に昇る龍にまで引き継がれた。

九似説では、龍の角、頭、目、項《うなじ》、腹、鱗、爪、掌《たなごころ》、耳は、それぞれ、鹿、駱駝《らくだ》、兎、蛇、蜃《しん》（想像の動物で、蛟龍の一種）、鯉、鷹《たか》、虎、牛の、九つの生きものに似るとされる。なかでも遠くから目にとまりやすいのは、鱗のきらめきだ。だから、龍鱗は龍そのものを示す表現ともなった。それは、後の唐の時代に都、洛陽の西にあった皇帝の庭園、神都苑《しんとえん》の中央に、龍鱗《りゅうりん》宮《きゅう》という名の建物が建てられたことなどからもうかがえる。

龍鱗はこうして龍が現れたことの証《あかし》であり、豊かさ、多くあることの象徴ともなった。龍が夏王朝、殷王朝のような、都市を生み出す文明に結びつくと、支配者である王や天子をも象徴した。龍鱗は天子の威光、ひるがえって危険なたとえとしても用いられた。龍鱗に攀《よ》じ、鳳翼《ほうよく》に附《ふ》す、という言葉は、龍の鱗によじ登ってすがり、鳳凰の翼につき従うの意で、英明の主について功業を立てることを意味した。

二　変容し、増殖する鱗

登龍門

蛟龍の龍への変態亜種より、淡水魚の鯉が龍となる話の方が、よく知られているだろう。滝を昇った末に龍になる登龍門の説話に伴い、鯉の鱗の数も変容するとされた。水流、水圧を感じ取る感覚器を内側にそなえた小孔《しょうこう》が一列に並ぶ側線《そくせん》に沿った鱗の数は、鯉で三十一―三十九枚。この平均を伝統的に三十六枚で代表させた。

これにより龍への変態を陰陽説でドラマチックに説明できるようになった。三十六は六の平方で、六は偶数の始まり二を三つ重ねた数。陰陽説では、偶数は大地の成長を表す陰数《いんすう》とされるため、三十六は大地を司る意味になる。陸を流れる河に棲む鯉の鱗を表現するのにふさわしい数だ。鯉は別名を六六鱗《りくりくりん》ともいい、近松門左衛門の浄瑠璃（『曽我《そが》会稽山《かいけいさん》』一七一八年）などにもその用例を見ることができる。

対照的に、奇数の始まり三を三つ重ねた九は、天を表す陽数《ようすう》の最大であり、これを平方した八十一が龍の鱗の数と説かれ、最高の徳を意味する数とされた。しかし、八十一は龍鱗の総数には、はるかに満たない。鯉の側線に沿った鱗が増えた数にすぎないためだ。鱗の総数はさらに一気に増殖する。

風にたなびく鯉のぼりは登龍門の故事に由来している。その鱗に目をとめ、立派な龍へと変態する姿を想像してみると愉しい。

唐に留学した平安初期の名僧、空海が「龍の蛇鱗《じゃりん》」（『般若心経秘鍵《はんにゃしんぎょうひけん》』）という表現を使っている。龍の鱗が蛇のイメージでとらえられることもあったのだ。鯉か蛇か、別の動物の鱗かと固定的にとらえる必要はない。龍の鱗は、多様な生きものの存在を反映しうるというのが、もっとも説得的で、包容力のある解釈だろう。

象徴し、装飾され、物語られる

豊かなイメージを投影された龍鱗は、様々な景観や自然現象にもたとえられていく。

日本の平安文学に大きな影響を与えた中国の詩文選集に『文選《もんぜん》』があるが、そこに所収された『両都賦《りょうとふ》』（後漢時代、八三年頃）は、東都の洛陽に比較して西都の長安を歌い、その景観を「原隰《げんしゅう》龍鱗《りょうりん》」と表現した。高原と低湿地――原隰――が並ぶ様を、龍の鱗のようだとしたのだ。平安時代中期の歌人、藤原敦信《ふじわらのあつのぶ》の漢詩には、池の水面を龍の鱗にたとえた句がみられる。江戸時代、日本初の図入り百科事典『和漢三才図会《わかんさんさいずえ》』は、「懶竜《ものぐさなりゅう》の鱗甲《りんこう》（うろことこうら）の内が寒凍《かんとう》すると氷を生じ、雷が発生するとそれが飛び走って落下する」として雹《ひょう》や霰《あられ》の生成を龍鱗の作用とする説が、薬学、博物学を明代に集成した書『本草綱目』にみられる、と紹介している。

現代でも、自然に龍の鱗を想起する感性は消失していない。

一九九一年、山口県萩市で、農道工事中に偶然発見された玄武岩柱状節理《げんぶがんちゅうじょうせつり》は、地元中学生が名づけた龍鱗郷《りゅうりんきょう》の愛称で親しまれ、観光名所となった。六角形の石柱が立ち並ぶ全体の印象がまさに龍の鱗のようで、そのメタファーとしての力が、平成の少年と地元の人びとに作用したのだろう。鱗状《うろこじょう》の巻積雲《けんせきうん》を見て、漁師たちは、いわしやさばの大漁の兆《きざし》としたが、同じ雲を龍の鱗のようだと感じる現代人もいる。

特別な象徴力は植物にも及ぶ。

枝の曲がる松は龍にたとえられ、その樹皮が龍の鱗として明代の中国で説明された（園芸専門書『群芳譜《ぐんほうふ》』、『長物志《ちょうぶつし》』）。先の『和漢三才図会』ではナツメヤシの皮を龍の鱗のようだと解説している。当時、列島ではナツメヤシは容易に目にできなかったが、龍鱗のイメージは人びとにとって身近だった。実在するが手に入らない植物を想像のメタファーで説明したのだ。南国の果物ピタヤは果皮が龍の鱗のように見えるため中国語で火龍果《ホエリョンゴー》といい、西洋に輸出される際にドラゴンフルーツと訳された。また、名香木である沈香《じんこう》の樹が土中で薄片となったものを竜《りょう》鱗香《りんこう》と呼ぶことや（明代、随筆集『五雑組《ござっそ》』）、明治時代、東北地方で珊瑚《さんご》の化石を龍の鱗と呼んだ記録など、メタファーの力は随所に働いている。

　龍鱗の痕跡は文化世界にも及ぶ。

　南北朝動乱を描いた軍記物語『太平記』には、「二千余騎を……竜鱗に進めて」という記述があり、隊列が龍の鱗のように順次に並ぶ形容や、それがきらめいて見える様を表した。韓国の民俗芸能パンソリでもっとも有名な『春香伝《チュニャンジョン》』では、妓生《キーセン》の娘、春香《チュニャン》と娘想いの母を前に、李夢龍《イモンヨン》が婚姻の証文を筆記するとき、龍鱗硯《りゅうりんけん》という名の唐物《からもの》の携帯用硯《すずり》を使った。その石の硯には龍鱗のような紋様があったのだろうか。龍の名をもつ良家の子息が身分を超えて愛を誓うため、象徴的な硯を用いたのだ。さらに、唐代から王族、上流階級の家庭に伝承された書物の独特な装丁技法に龍鱗装《りゅうりんそう》がある。巻物から冊子本への移行形態とされ、完成品が龍に似て、各頁が龍の鱗のように映えることからそう呼ばれたという。戦いから書物にまで、龍鱗はイマジナリーな力を垣間見せている。

　このメタファーは自然、生きもの、人を象徴するだけでなく、自らが装飾された。

船体に鱗が描き込まれた中国の龍舟《りょうしゅう》、沖縄のハーリーは、豊漁と海の安全を願い、中国、台湾で旧暦五月五日の端午節《たんごせつ》に、沖縄では琉球王国由来の祭事などに今日も活躍している。写実的な紋様の他、二等辺三角形に抽象化された意匠も見られ、伝統的に龍の鱗を表すとされてきた。鎌倉時代に栄えた北条氏の家紋がこれをかたどった三つ鱗《みうろこ》であることは有名で、日本に伝来した明代の金襴《きんらん》にも同じ紋様が用いられている。江戸時代の能装束や茶碗にもこのデザインが反映されている。

龍鱗は様々の伝説も生んだ。

『太平記』では、北条時政が江の島に巡礼して籠もり、繁栄を祈願すると、女神の弁財天が美しい宮仕えの女房《にょうぼう》姿で現れ、時政の前世からの『法華経』信奉をたたえて一族興隆を約束し、巨大な龍蛇の姿になって、海中に消え去り、大きな鱗を三つ残していったという。後に時政の娘、政子が征夷大将軍源頼朝の妻となり、北条氏はやがて源氏に代わり実権を掌握していった。また、近世朝鮮の地理書『択里志《たくりし》』によれば、高麗王朝を建てた王建は、唐の皇帝の庶子と龍女を祖父母に有した。自らの子で両腋に龍の鱗が生えている者がいて、そのなかの王女が王となる子を生むと信じ、一族の地位が脅かされることをおそれて、王女で鱗がない者を嫁に出し、鱗が有るものはすべて内婚させ、後宮にとどめたという。

龍鱗は時代と場所を超え、効力を発揮すると考えられた。それは龍そのものが独自の生命と文化の時空として融通してきたからだろう。

三　龍鱗のなかの逆鱗

龍鱗の世界は奥深い。『韓非子《かんぴし》』（中国、戦国時代末期　紀元前三世紀末）から、逆鱗《げきりん》について述べた説難篇《ぜいなんへん》の逸話を見よう。

弥子瑕《びしか》という美少年が衛《えい》の君主の寵愛を受けていた。許しを得ずに君主の車に乗った者は国法で足斬りの刑であるが、彼は君命と偽り、その車を使って病気の母の見舞いに出かけ、君主から親孝行と誉められた。君主と果樹園で遊んだときには桃がおいしかったので食べかけの半分を差し上げたところ、自分を愛してくれているのだとよろこばれた。ところが容貌が衰え、寵愛が薄れると、君主から咎《とが》めを受け、このときの行いを責められることになった。

『韓非子』はこう述べ、次のように結ぶ。龍は飼いならして乗ることもできるが、その喉《のど》の下に生える一尺（約三〇・三センチメートル）ほどの逆さの鱗があり、もし誰かがそれにさわると、必ずその人を殺してしまう。君主にもまたこの逆さの鱗がある。君主に説く者はその逆鱗にふれないでおれるなら、ほぼ説得に成功するだろう、と。

ここに逆鱗は、たんに君主が嫌悪する何かにふれることをいうのではなく、常に状況とともに変化していくこころの様相に、ある事柄が結びつくことで現れる、複雑微妙な事態を象徴している。

じつは逆鱗に触れないでいることは容易ではない。それはこちらから見えないところにある。しかも、逆鱗以外の龍鱗は幸いをもたらす力に満ちている。幸いを得ようと龍の背にまたがるときには、首に手を回さなければならない。人の愛憎はこころのなかで密接にからみ合い、変化は容易にとらえられない。それを反映してか、歴代の名画に逆鱗が描かれている例は、まず目にしない。

逆鱗に触れるという慣用句は、日本においては、古代から近世、現代にいたるまで、数々の用例が確認できる。今日も日本でニュースや会話に広く使用されている。先輩の逆鱗にふれる、妻の逆鱗にふれる、など日常に根付いた言い方もよくなされる。しかし、意外にも現代の中国では、古典としての意味は理解されるが、口語表現では通用していないという。思えば不思議だ。

列島の人びとがこうまで逆鱗になじんできたのはなぜだろう。

室町から江戸時代の武家社会のしきたりを集大成し有職故実の古典とされる『貞丈雑記《ていじょうざっき》』（一七八四年頃成立、一八四三年刊）にも、官位の部（天子の御事《おんこと》に付き尊称の品々《しなじな》）の項で「御立腹を逆鱗と云い」と説かれている。たしかに、皇帝や王が姿を消した大陸、半島と異なり、天皇制が存続していることから、『昭和天皇実録』などで天皇の怒りの表現として逆鱗が実用されるなど、政治的な理由もあるだろう。しかし、それよりは、むしろ状況に伴うこころの変化に様々な事柄がからみ合って生じる困難な事態を的確にとらえた表現として、多くの人が逆鱗に言葉の巧みさを見出し、ひきつけられてきたためといえるのではないか。逆鱗は、先の第五章で考察した、人の存在にともなう負の深淵としての見えざる矛盾ともまた、部分的に重なり合っているようだ。

逆鱗は目に見えない。鱗族の長の喉下に隠されている。そして、逆鱗だけを避けることは困難だ。人が関われば、必ず愛憎が生じてくる。愛が深ければ恨みも伴ってしまう。愛されるべき、その同じ行為がうとましさの原因に転じてしまう。SNSではこの変化はなおさら予測しにくい。「炎上」という事態も起きてくる。今日では、インターネット上のバッシングも逆鱗の事例といえるかもしれない。同じ言葉でも、状況、人びとの感情の集積によって、引き起こす反応が百八十度変わってしまうことがある。

これらに向き合うには、先人たちの想像力の結晶である龍と龍鱗の豊饒に、こころを開いておくことが有効ではないか。逆鱗は一枚のみだが、龍鱗は何百と生えている。こころの変化と事柄の結びつきは怒りだけをもたらすのではない。知恵や慈悲、幸せをもたらす可能性も大いにある。

生きものの鱗には、魚のように皮膚の内部に骨性《こっせい》のものが発達しようが、爬虫類のように表皮から硬化、変態しようが、自由に動きながら、大事な身を守るための効果的な力がそなわっている。逆鱗を含むすべての龍鱗は、この生命の力に触発されたわたしたちのこころが、様々な現象と結びつくところから生えてきたものだ。

先人たちは、すべてが逆鱗の龍を想像しただろうか。そのような専制の下ではわたしたちは息絶えるしかない。逆に、すべてが幸いの龍鱗を夢見ただろうか。それは甘いユートピアにすぎない。

そのいずれでもない。一片の逆鱗を無きものとしないからこそ、豊饒なる龍鱗の力を借りて、わたしたちはより深い幸いにたどりつくことができるだろう。

第七章
時空、名前、人生は一か多か

Time-Space, Naming, and Human Life:
Singularities or Multiplicities?

一、ゼロ、多様

一かゼロか

時空は一つであり、わたしは一つの名前をもち、生まれた瞬間はゼロ歳で、毎年、自分だけのための誕生日を迎え、一つの人生を生きている。一つ、一つ、一つの世界。それは、本当にかけがえのない世界だろうか。

わたしたちは、いつもこのようなことを考えているわけではない。しかし、意識しないまでも、生まれ落ちたときからの制度と近代的習慣によって、いつしか一つの時空、一つの名前、一つの人生を当たり前として、時には「科学的」な常識として受け入れていく。そうでない発想や文化伝統は非科学的で、古い考えと早計し、ファンタジーや伝統文化の枠のなかでのみ容認し、消費していく。

しかも、生まれ落ちた瞬間だけがゼロなのではない。生物学的な生命を終えたとき、わたしたちはゼロになるとされていないだろうか。つまり、一つの名前をもち、人生を続けてきた存在がゼロになる。一かゼロだ。

だが、そうではないとしたら。

一つの時空、一つの名前、一つの人生は仮想であって、いくつもの時空、いくつもの名前、いくつもの人生の方がリアルに近いとしたら。そこからこそ、不思議な「わたし」という存在が、その尊さが、浮かび上がってくるとしたら。

実際には、現代物理学では、時空は相対的とされる。にもかかわらず、人は、一つの時間、一つの空間を統一的、人工的につくり出すことで、あたかも一つの時空の世界を生きていると思い込んでいる。それだけではない、多様性を文化や民俗という名の下で隘路に追いやり、統一された一つという抽象化された観念が、名前、人生にまで、作用を及ぼし続ける。この一《いち》の重さに耐えきれなくなったとき、人は、すべてをゼロにしようとする衝動に身を任せ、軽々と、存在がゼロに転じられてしまうのかもしれない。

一かゼロか。あるいは存在か無か。この観念は、人の世界と時空、そして、自分の存在を想うとき、わたしたちを縛り続けている。

多様なる時空、名前、人生

実際、人は、いくつもの時空（暦）を生きていた。一年の始まりが、都市によって、村々によってさえ異なっていた。月レベルで異なっていることもあり、同じ日でも、日没や日の出は場所によって異なるのだから、多様性があたりまえだった。

伝統的な暦が、時間のみならず空間をも表現し、多様な文化の時空を表すものであることは、その現実の運用が、用いる場所からの月や太陽の見え方、方位に依っており、当然、町や村ごとに異なることを思い浮かべればわかりやすい。

年ごとに定まる方角からきて幸いをもたらすと信じられた歳神《としがみ》は、その町や村を基準とした方位によって、やってくる位置が決まる。地球上のある一地点からやってくるとされる今日のサンタクロースとは違い、それぞれの場から来訪することになる。また、暦に基づいて行われる祭りや行事にも、月や太陽の見え方、方位が深く結びついている。伝統的な暦は、月、太陽と、地球上の特定の場所に実際に住んでいる人びとをもとに運用されるため、その関係性が固有の時間、空間として現れるのだ。

また、日本列島では一八七三（明治六）年の改暦前後に、主に地方暦として、京暦《きょうごよみ》、松浦版京暦（別体裁で大坂で発行）、伊勢暦《いせごよみ》、南都暦《なんとごよみ》、丹生暦《にゅうごよみ》、三島暦《みしまごよみ》、江戸暦《えどごよみ》、会津暦《あいづごよみ》が通用しており、中世以降の地方暦の発祥地は、これらを含め二十近くに及んでいる。

また、人は、いくつもの名前をもっていた。子どものときの名、成人してからの名、結婚してからの名、通称、人に普段は使わせない名（諱《いみな》）、一族ゆかりの名、家族の名、先祖から引き継いでいる名、死んでからの名など。

そして、人生の積み重ねは、単独、ひとりではなく、人びとともにあり、新年には、近くにいる人みんなが、同時に歳を重ね、また、第八章で見るように、若水《わかみず》によって、ある意味で若返るのだった。そのときには、ただ一つの時空が継続するのではなく、それまでの時空が、新しい時空にバトンタッチされた。しかも、その時空の更新そのものが、国によって、地域によって、それぞれになされた。

多様なる時空、名前、人生だ。

近代化以前の世界において、他界や異界、あの世、地下世界がイメージされていたのは、たんなる空想にすぎなかったのだろうか。

いや、この世界の本来的複数性を、人びとはそのままに感じ取っていたのではないか。また、新たに人、動物とふれ合い、花が咲き、作物が実ること。その、それぞれの現象との出会いに、新たな時間、新たな空間が開けてくることを感じ取っていたのではないか。すなわち、時間も空間も、わたしたちそれぞれと、自然、生きもの、そして人との関係性として現れてくることにこそリアリティがある。

近代の時空は、この関係性を、きわめて単一の、人工の枠組みで置き換えた。そして、その尺度でもって、現代人は、あらゆるものを計る道を歩んできた。あるいは、そういうものとして、与えられてきた。

たしかに、すべての自然、生きもの、人との、その時々の関係性で時間、空間をとらえ続けるのは、あまりに複雑だ。

だからこそ、先人たちは、その多様性のただ中で、太陽、月、大地（地球）との関わりから、柔軟に時空をとらえてきた。そして、その関係性はまったく同じもののくりかえしではなく、異なるものと同じものとが、わかちがたく結びついた事象として、新たに現れる。だから、名前も、人生も、本来は、その都度新たになり、よみがえるという性質を本性としていたのだろう。この複数性のなかで、尊さ、人らしさが現れ、かけがえのないものと感じられたのだろう。

わたしたちは、人として、ただ一つの単調《モノトーン》な人生を歩んでいるのではない。いくつもの人生を、毎年あらたまる他の存在との関係性を生きており、そのなかで、不思議な持続を経験している。それを尊い人格、かけがえのない人生と呼んだりする。けれどもそれは、複数性の上に断続する、不思議な持続なのだ。あえていえば、多様でありながら一であるものだ。一であり一であるものではない。逆にいえば、一でありながら、わたしでありながら、多様であるものだ。

毎年、毎年、わたしは変わる。そして、来年は、どのようなわたしであるのか、今からすべてをつかむことはできない。また、一つに思えているわたしにも、複数のわたしが様々なレベルの記憶として、存在している。昨年のわたし、子ども時代のわたしが、何かの拍子に、鮮やかによみがえってくることがある。それはたんなる記憶だろうか。それとも、複数のわたしがわたし自身、意識しないところで共存していることなのか。木が年輪を重ねるように、わたしは自らの年輪を重ねている。どの輪も似ていながら、毎年何かが異なっている。

つまり、わたしたちが自然、生きもの、人と関わるあり方は、大もとの多様性と不思議な規則性から、その都度新しい出来事が生じてくるのであり、そこに調和と自由も生まれているのだ。

二 「一つ」の歴史性

「一つ」の歴史性

時空、名前、人生がただ一つに閉じられることなく、多様性に開かれて、そのなかで、その都度の柔軟な一致が求められ、暦、名、歳が展開しているとする方が、よりリアリティに適《かな》っていて、様々な先端分野、これから発展するであろう未来の科学とも親和性をもつだろう。

一つの時空、一つの名前、一つの人生という近代の観念が、古いタイプの科学観に寄りかかった見方にすぎないことを、いかにすれば意識し始めることができるだろうか。

有効な方法は、これらの観念が、近代化によって歴史的に形成されたものであることを、確かめてみることだろう。ここでは、時空（暦）、名前（名）、人生（歳）について、ごく基本的な事実を確認してみよう。

一つの時空の歴史性

日本列島では、複数あった暦を一つに限定し、月との関係も切り離したのが、一八七二（明治五）年から一八七三（明治六）年にかけての太陽暦への「改暦」だった。太陰太陽暦の明治五年十一月九日に改暦に関する太政官《だいじょうかん》布告第三三七号（改暦の布告）を発布し、同年十二月三日から太陽暦の明治六年一月一日へと時空システムを切り替えたのだ。今日の内閣にあたる明治政府の最高官庁、太政官が発布し、全国的に効力を有する法令形式が太政官布告であり、今日も現行日本国憲法に反しないかぎり、有効とされている。

それまで列島では、太陰太陽暦が公的に用いられ、また、各藩では事情や特色によって細部の異なる暦が使われ、村々にはそれぞれの農事や地勢に合わせた民間暦、自然暦があった。

西洋列強諸国の用いる太陽暦（グレゴリオ暦）への統一が、すぐに津々浦々を覆い尽くしたわけではないが、行政、学校等を通じた影響はきわめて大きく、戦後の高度経済期成長以降、工業化、情報化が急速に進むなかで、多様な民間暦、自然暦は暦としての地位を失っていった。月と太陽の暦である太陰太陽暦――最後に用いられていたのは天保暦という列島独自のバージョン――も、「旧暦」とのレッテルを貼られ続けるうちに、科学的でなく、伝統文化の枠内においてのみ意義をもつと曲解されるようになった。さらに、伝統の年中行事の多くも、月の運行と切り離され、「新暦」で行われていった。

しかし、グレゴリオ暦が一五八二年にローマ教皇によってユリウス暦から改訂されたのに対し、天保暦は江戸幕府によって一八四四（天保十五）年に寛政暦から改訂されている。旧暦とは名ばかりで、グレゴリオ暦より二百六十二年も新しく、列島で当時知り得た中国、日本、西洋の最新天文学の知識を取り入れた、月と太陽の暦だった。もちろん、新暦は旧暦より古く、新採用暦であったにすぎない。西洋諸国も、もともと多様な暦文化をもっていた。実のところ、ここでは、近代化による時空コントロールが問題になっていたのだ。

天保暦は、改暦以降も必要に応じて農事や祭礼に活用され続け、今日にいたっている。とくに地球に近いために太陽の二倍の重力を及ぼし、どの天体よりも明るく輝く月との関係は、海の潮汐活動ばかりか、大地が三十センチの間隔で上下する地球潮汐をも引き起こす。月は、その光とリズムにより、漁業や農業、海と陸の生きものに計り知れない影響を与えている。科学的研究が進めば進むほど、人の生業、生態系に重要な意味をもつことが明らかになってきている。

本来、真っ暗な新月と明るい満月——これらの位置で月の重力はもっとも強くなる——に多く行われてきた祭りにとっても、月と太陽の暦は欠かせない。真冬の新月直前に伐採された樹が長持ちし、共鳴も良いとして日本やヨーロッパで建築や楽器に重宝されてきたとする説も、賛否あるが、新たな発想でたしかな実証研究が必要だろう。

一つの名前、一つの人生の歴史性

一つの暦は近代化の歴史的産物であり、後世の人が不可抗力的に受け入れたものであったが、一つの名前、一つの人生はどうだろう。

名前については、改暦と同年の一八七二（明治五）年五月七日、太政官布告第百四十九号「従来《じゅうらい》通称《つうしょう》名乗《なのり》両様《りょうよう》相用《あいもちい》来《きたり》候《そうろう》輩《やから》自今《じこん》一名《いちめい》タルヘキ事」（これまで通名と実名の両方を用いてきた者は一つの名にしなければならない）などにより、気軽に用いられる通名（通称）とみだりに用いない実名（諱）との使い分けが禁じられた。一つの名に統一しなければならないことになり、当時の人びとは通名か実名のどちらかの選択を迫られた。同年八月二十四日には太政官布告第二百三十五号で、自由な改名も禁止された。今から見れば、時空の統一と名前の統一は、ほぼ同じ時期に進められていたことがわかる。

そして、人生については、時空と名前の統一より後、一九〇二（明治三五）年の法律第五十号「年齢計算ニ関スル法律」で、新年の到来によりみんなで新たに歳を重ねるのではなく、年齢を「誕生日」から起算することとし、さらに、第二次大戦後、一九五〇（昭和二五）年一月一日施行の法律第九十六号「年齢のとなえ方に関する法律」で、数え年から満年齢に変更された。戦前は徴兵検査を除き、ほとんどで数え年が用いられていたが、生まれた時に一歳とする観念は、戦後、本格的に崩されていくことになる。

しかし、月と太陽の暦に基づき、冬至の後の二度目の新月（朔日《さくじつ》）、月明かりのない真っ暗な早朝に新年初めての水を汲み、その水の力によって歳が若返り、再生し、その若返りの歳をみんなで重ねる風習の記憶と文化は、完全に消滅してしまったわけではないだろう。

出産時をゼロ歳とする抽象的な日数の積算としての満年齢と、自然現象を精妙に反映する月と太陽の暦との関係を保つ数え年と、それぞれに考え方は異なるが、自然、生きものとの関係性を密接に反映しているのは、新年にともに歳を取る数え年の方だ。これにより、誕生から死亡までの日数の積算で観念される抽象的な一つの人生ではなく、新年ごとに再生される多様な人生を、周囲の、同様に人生が再生される人びとと、ともに実感する。年輪のように、毎年、異なる時が重なり、幾度もの人生となる。

大晦日に生まれた子どもはその時に一歳で、新年とともに二歳になるけれども、気にすることはない。人として母胎の外に出て一歳で、初めて新年をみんなで迎えてともに一歳、年を取るという意味なのだから。出生して一年後には、きちんと特別な初誕生《はつたんじょう》祝いがなされるわけだから。

人の身体と自然との深い関わり、年、月、日の体内時計など、絶妙な生体現象が明らかになればなるほど、数え年の考え方が理に適っている面を多くもつことがわかってくる。母胎からこの世に現れたときから、ゼロでない人として、太陽、月、季節と連動して、歳を重ねていくのだから。

三　暦・名・歳を統一する制度、観念のゆらぎ

科学的世界観の行方

今日、わたしたちの多くは一つの時空、一つの名前、一つの人生の観念にとらわれている。これらの観念が、どのような心理的作用を及ぼすのかを実証的に明らかにするには、適切にデザインされた心理実験が必要だろう。

ＩＵＴ理論や圏論《けんろん》のような現代数学は、一つの宇宙や所与の点の各要素で構成される集合のような世界観からの自由を求め続け、現代物理学も相対的時空を自明とし、量子のように、一個の粒子にとどまらない、波でもありうるような存在を基礎として、世界をとらえてきている。それに比して、わたしたちの人や社会に対するとらえ方、人文学や社会科学は、相変わらず古いタイプの数学観、科学観にしばられているようにみえる。

しかし、いくつもの時空が、この世界の有り様ではないか。近代化前に生活していた人びとは、感覚的に、時空の多様性を悟っていたように思われる。少なくとも、現代のわたしたちのようには均質化した時空像に影響され、しばられていたわけではなかった。いくつもの名前は、

わたしたちも、サイバー空間で使い分けている。安易に実名登録することでリスクが生じることも知っている。その感覚は、実名である諱を慎重に扱い、通名を人びとや社会との関係で柔軟に用いた前近代の人びとに通じるものがあるかもしれない。

そして、今後進展するであろう、新たな科学に影響を受けた身体観、生態観によって、わたしたちが、毎年、自然との新たな関係を築き、たんなる反復ではない、いくつもの人生の、数え年的な感性を取り戻していくことも、ないとはいえないだろう。

豊かな未来を求めて

近代の人は、いかなる歴史的な過程を経て、一つの時空、一つの名前、一つの人生にこれほどにとらわれるようになったのだろうか。世界観や人間観に個人差はあっても、法律、制度によって、それらを自明視し、受け入れるようになったのだろうか。

日本列島ばかりか、朝鮮半島、中国大陸、ヨーロッパ、アメリカ、世界における暦、名、歳をめぐる近代化の変遷と、今日に保持されている文化の多様性の全貌をとらえるには、多くの知的探求、史的検証が必要だ。各専門分野では膨大な研究が積み上がっている。そもそも、暦とは何か、名づけとは何か、人生の積み重ねとは何か、という根本的な問いについて、その考え方は、文化、時代によって、思想家や哲学者によっても異なっている。

それでも、わたしたちが、一つの時空・名前・人生の観念に、自覚している以上にとらわれてしまっている、ということはいえるはずだ。果たして、これは、便宜上のことなのだろうか。そうみなす方が、わかりやすく、便利で、より科学的なのか。それとも、これは陳腐な単純化で、たんに法律や社会規範の運用上の基盤とされてしまったために、わたしたちの心理にまで影響を及ぼし続けているのだろうか。

こうしたことを考えていくには、一度、一つの時空・名前・人生の観念から距離を置いて、それが当たり前でなかった時代や場所に目を向けてみればよい。

時空、名前、人生が無理に統一されたとき、当時の人びとは、とまどったはずだ。そのとまどいが、文字や絵画、写真に残っていれば、たどってみる。それらの史料は、暦、名、歳の数え方のテーマごとに、個別に研究されてきている。先行研究を照らし合わせて参照することから、世界認識と人間観がこの百五十年ほどの間に、いかに変わったのか、たしかな理解が得られてくるだろう。

時空、名前、人生のいずれかが統一されたのではない。それらすべてが、一連の過程として、統一されていった。わたしたちは一つの時空を構成する一つの要素となり、生きている間はその要素を全うする。そういう世界、そういう存在と観念されていった。しかし、もう、それは、新たな数学、科学の研究蓄積との対話を妨げる硬直的な世界認識、存在認識になってしまったように感じられる。むしろ、近代化の前に生きていた人びとの、時空・名前・人生に関する多様な構えの方に、対話可能性を見出しうるのではないか。

わたしたちの存在と情報がデジタル世界に記録され、同定《アイデンティファイ》される仕方が、いつまでも近代的な時空、存在認識を前提にするなら、硬直的な監視社会を恐れ、また、それに対抗するという、二項対立的発想から抜けきれない。そこには、次の章で見るような、年ごとに人生を刷新する民俗的感覚はない。古いデータはどこまでも積み上がり、程度の差はあれ、現在を規定、拘束していく。いくつものユーザーネームを使い分け、窮屈さから逃れようとしても、時空・名前・人生に関する根本的観念が相対化されないことには、わたしたちは、お互いを深いところから尊重することが、いっそう困難になっていくのではないか。

近代化過程で置きた混乱のさなか、明治政府の統制をかいくぐって「おばけ暦」と呼ばれる暦が民間に出回ったことなど、近代的立場からは物珍しさの範囲にとどまる史実からも、深い示唆がえられるだろう。

多くの混乱が世界で生じ、近代化の爪跡は、今日まで影響を及ぼしてきている。近代的観念を相対化し、発想の自由を求めて、歴史、文化、民俗の世界に出会おうとするとき、そこに見つかる驚きは、わたしたちの未来を豊かにするヒントをもたらしてくれるはずだ。

第八章
若水と新年

Wakamizu and the New Year

一 若返りの水と新たな年

若水

伝統的に日本には若水《わかみず》という風習があり、今日に伝えられている。新年を迎えるために汲む水のことで、まだ暗いうちから汲みに行く。朝鮮半島、中国雲南省の少数民族、タイの山岳民族など東アジアから東南アジアにも似た伝統が伝わる。

この水を汲みに行くことを若水迎えといい、あらかじめ定められた男性や、西日本の一部では女性、主婦の役目となっていた。若水汲みには特別の桶《おけ》や柄杓《ひしゃく》、水汲みの道具を用いたりし、水を汲んだその容器を、臼《うす》の上に乗せて、臼には神聖を表す藁のしめ縄を張った。

しかし、なぜ若水なのか。二〇XX年が翌年には二〇X一年になり、各人が順番にそれぞれの誕生日を迎え、誰もが自分の誕生日にプラス一歳、年を重ねていく。西洋的近代化を経る前は、庶民に毎年の自分の誕生日を祝う風習はなく、初誕生日の祝いを例外として、新年とともに誰もが歳を重ねていくと考えられていた。年を取りながらなぜ、汲まれた水が若水と受けとめられてきたのだろうか。

新たな年をともに経験する

今日の日本では、自分の誕生日を太陽暦で定めて考えている。生まれた日を起点にして、一年ごとに誕生日を迎えては、物理的に歳を重ねたと認識し、年齢を数えている。うるう年の二月二十九日は三百六十六日だが、ほとんどの人は三百六十五日ある中のどれかの日に生まれる。しかし、自分の生まれた日をスタート地点にし、統一時間により均質な時間を積算していくことにどれほどの科学的な意味があるのだろう。

わたしたちは、様々な年齢、誕生日をもつ人びとと季節、歳月を過ごしていく。生まれて何年と何日目ということより、この世界とその都度の関係をつくっていくことの方が、リアリティがある。気候や日照条件、地域によって異なるが、この地球上に生を享《う》け、少なくない人が近郊の町村や定住地で過ごしている。太陽暦上の自分の誕生日に限定づけられて生きているというより、互いに一緒に感じる気候条件のなかで生きている。

　このような事実に気づくと、新年を一緒に経験することは、どの年月日に生まれたに人とっても、そこで古い年が終わり、新しい年をともに迎えているのだと感じられてくる。その経験を重ねていくうちに、新しい年を迎え、みんなでともに歳を重ねたのだと互いに思い合うようになるだろう。ひとりの人がすでに母体内で生きていたわけだから、生まれた時はゼロではなく一歳であり、新しい年を迎えるときに、周囲の人びとと一緒に歳を取る。そのときに二歳になる。

　自分が過ごしている気候、条件のなかでともに周囲の人びとと経験し、そして、ともに歳を重ねていく。四月生まれの人は五月になったらもう誕生日を過ぎていて、十一月生まれの人はまだ誕生日がきていない。そう現代人は無意識のうちに感じてしまいがちだが、四月生まれの人も十一月生まれの人も新年を一緒に迎えた。その意味で、ともに歳を重ねたのだ。自分が太陽暦のどの年月日、どの場所で母体の外に存在するようになったかを起点にするのではなく、生活する場の気候条件、季節の巡りに合わせて歳をこころで把握していくのだ。

二　若水のメタファー

同じでないくりかえし

二〇一九年にはコロナ危機は顕在化していなかった。二〇二〇年、二〇二一年は明らかに文化、文明の形が変わり、二〇XX年はまた違った年になっていく。

他方、二〇一九に一を足して二〇二〇、また数字を足して二〇XX。わたしたちは、地球が太陽系を公転し、それは翌年も、またその翌年もくりかえされるという反復のイメージをもって、時空をとらえている。

だが、去年の一年と今年の一年、来年の一年はいつも違った年だ。一つとして同じところはなく常に新しい何かが始まっている。去年咲いた梅が、今年また咲いたとしても、それはまったく同じ花というわけではない。去年の梅は散ってもう戻ってはこない。今年の花はたとえ同じ枝から開いたとしても違う花だ。わたしたちは、また花が咲いたなどと言う。しかし、それは新しい年を迎えたわたしたちにとって、新しくこの花が咲いたのだ。

人のものの見方はときに常態化し、まったく新しい何かが今ここに展開しようとしていることに意識が及ばなくなりがちだ。たしかに地球は太陽の周りを廻っている。毎年微妙な差はあるとしても、大きな問題ではないようにみえる。物理法則に基づいて地球が太陽の周りを公転している。はかないのはわたしたちの命の方で地球はこれからも太陽の周りを廻り続けるだろう。人の命は長生きしても百年たらずだ。あるいはもっと早く命を終えるかもしれない。

しかし、もし年ごとの太陽と月と地球の関係、地球からの見かけ上の太陽の動きを、法則性をもちながらも、ただ同じことのくりかえしではなく、新しいことの新しいくりかえしと、とらえるならばどうだろうか。同じことをくりかえしているようでも、厳密にはそれは同じではないからだ。

スポーツ選手がトレーニングをくりかえす。野球選手がバットを振り、ボールを投げ、テニス選手がラケットを振り、サッカー選手がドリブルをする。あるいはピアノを習う人が音階《スケール》の練習をする。仏教徒が念仏や題目を何度も唱える。それはただ同じことの反復だろうか。大事なことをくりかえしていくとき、それは振り子の振れ、原子時計の一秒のようなものではない。一回、一回がゆらぎのあるリズムと動き、こころを込めた何かだ。そのように地球の運動も、解釈してみたらどうだろう。

地球の自転、見かけの太陽が昇って沈む動きも毎日の単調なくりかえしに思えるが、一回一回の勝負のように受けとめてみたらどうだろう。地球から見た太陽の動きについての文化的解釈は様々に可能だ。それを物理法則だけで理解しなければいけないという決まりはない。太陽が昇り、そして沈む。わたしたちが病で余命を告げられたとき、夕日が沈み、朝日が昇る光景を見て、無数にくりかえされている単調な物理現象と思うだろうか。地球の自転速度はゆらぎをもって変化し続けている。日が昇り、沈む、そして一年、地球と太陽の関係は変わっていき、季節が生じる原因となる。いかにそれをくりかえしても毎回、常に新しい、大切なものを含んでいる。

わたしたちが大切だと思ってくりかえす行動を想起し、大事な人の名前を何度もこころを込めて呼ぶような受けとめ方をするとき、たとえ物理現象であったとしても、眼前に展開してくる変化は、常に新しい何かを含んでいると気づくかもしれない。

それは、わたしたちが多様な存在と関わる、その関わり方が変化している、つまり新たな何かがそこに加わっているという感覚に直結する。自然、生きもの、人、つくられたもの、人知を超えるもの、そのなかのいずれかとの関わりが新しくなる。そういう感覚だ。

若水のメタファー

その感覚をもって若水を考えてみよう。なぜ昔から新年を迎えるにあたり、水を汲み、それを若返りの水と受けとめる感覚をもっていたのか。水を必要とするのは日常だ。それがないと生きていくことができない。喉を潤し、食べ物をつくり、昨日、今日、明日も水を求める。水道がない時代には井戸や川から汲んできた。しかし、新年に水を汲むことが、なぜ若返りの水なのか。

これは人と水の関係性だけでは理解できない。新年には、すべての関係性が新しくなる。そのことをあらためて意識する機会なのだ。

現実にはいろいろな時期、場面で、常にわたしたちを取り巻く状況には新しい展開が加わっている。しかし、日常生活を送る上で、人はそのことを忘れがちになる。どこかであらためて受けとめる機会が必要なのだ。実際、毎日汲まれる水は毎回新しい。水道水が引かれていない環境では、とくにその水に含まれるミネラル、味、温度や香りはその日ごとに異なる。そして、このことをもっとも意識し、感性を研ぎ澄ませる機会が、伝統の新年に設けられている。

新年のみならず、キリスト教の洗礼、仏教やインドのガンジス河での沐浴、日本の神道でも身を清めるために禊《みそぎ》をする。そのような機会に水との関わりを特別に認識する。人と水の関わりだけでない。この世界に存在する様々な何かとの関係が新しくなると理解される。それを水でもって代表させている。たんなる象徴ではなく、水もまたその新しくなるものなのだ。

若水で実際に若く、肌ツヤが良くなり、白髪が元に戻り、おとぎの国の世界のような魔法が起こるわけではない。

しかし、わたしたちは、おとぎの国よりも不思議な日常を、この現実の世界で過ごしているのではないか。それは、これからも何か新しいもの、新しい事態を経験していく、現に経験しているという奇跡だ。

これから自分の身に何が起こるかということを正確に予言できる人はいない。様々な将来予測、シミュレーションがある。天気予報、経済予測、そして人生設計等。人工知能のアルゴリズムは数多くの分野に予測の網の目を張り巡らせていく。しかし、わが身をふりかえってみたときに、今から自分は何を思うか、何に気づくか、どんな出来事に、人に出会うだろうか。あらゆる組み合わせ、起こりうる事態をすべて予測しつくすことは不可能だろう。そこにまた人生の不思議さ、一人ひとりの生活の営みの面白さがある。

三　いくつもの時空の更新をともに経験する

太陽と月と地球のドラマ

明治維新の年を含めて六年目となる年に太陽暦が開始された。それまでは大陸や半島などとともに日本も月と太陽の暦を公《おおやけ》に使っていた。それが太陽だけの暦にチェンジされて月との関係はカレンダーの表の顔ではなくなり、しだいに公的行事や制度から断ち切られていった。

しかし、月と太陽の暦は、現在でも日本の伝統文化、宗教文化のなかで生き残っている。元日の若水は、生命と文化の時空に結びついた伝統だ。古い年が新しい年になることを考えるとき、太陽、月、地球との関係性によってその変化を意識しようとした。先人たちはそのようにふるまい、文化を受け継いできたのだ。

まず冬至。北半球で一年のなかで太陽の日照時間がもっとも短くなるときだ。太陽暦では十二月の二十一日または二十二日に相当する。これは太陽と地球の関係で生じるドラマで、月はまだ関係しない。

月との関係はその満ち欠けで、約二十九・五日ごとに起こっている。太陽の力がもっとも弱くなる冬至に比較しうる月の変化は、月がまったく見えなくなるときであってこれを朔という。また、新しい月がこれから生じていくと観念されるため新月ともいう。ここから約十五日かけて月は満月になっていく。そして、満月から欠けていき、やがて見えなくなる。このサイクルを月はくりかえしている。

ここで太陽のドラマである冬至と、月のドラマである朔を組み合わせて考えると、どうなるだろう。冬至の後に朔の状態がくるなら、これは太陽の力が弱まっていくドラマに、月の力が弱まっていくドラマが重なったことになる。

そして、これに地球のドラマを重ねる。じつは冬至の時期である十二月下旬を過ぎても、気温は下がっていく。中国に由来する二十四節気《にじゅうしせっき》では一年を二十四に分け、冬至以降、小寒《しょうかん》、大寒《だいかん》と続くように、寒さはどんどん増していく。冬至を越えると日照時間は増えていくのに、大地は冷えていく。この、大地が冷えるというドラマも重要だ。大寒の時期は太陽の暦でいえば、一月二十日から二月三日頃でもっとも寒くなる。これは大地が冷えるのに時間がかかり、冬至の時期を過ぎても気温の低下傾向が続くためだ。たとえば、お湯を沸かすときに火を止めてもしばらく温度上昇が続いていく。その逆で、冷えていく傾向は、その冷える原因を取り除いたとしても一定期間続く。同じく、日照時間が最長の夏至は太陽暦でいえば六月の二十一日また二十二日だが、これが一番暑い日ではなく夏至の後、小暑《しょうしょ》が過ぎて大暑《たいしょ》の時期、七月二十三日から八月六日頃がもっとも暑くなる。

そして、大寒の時期を過ぎた後、立つ春と書いて立春になる。太陽暦で二月四日または五日にあたる。この時期になると、もう大地はこれ以上冷えていかない。日照時間が長くなってきた効果が実感されてくる。

ここでは、北半球に話を限っているが、この、本当に春の始まりが感じられる、地球のドラマを、さきほどの太陽、月に重ね合わせるとどうだろう。

太陽による冬至の後、月が欠けていって真っ暗になる。それから満月になってさらにまた欠けていき、姿を消す二度目の朔日。この日を新年とした。伝統的に新年は、冬至の後の二度目の朔日に定められたのだ。まさに太陽と月と地球のドラマによって、太陽の力が再生し、月が新たに現れようとし、大地が温かさを取り戻していく。この三つの過程が、現実の生態系を生きている人にとって、一連の関係性として、もっともドラマチックに受けとめうるタイミング、これが新年ととらえられてきた。つまり、太陰太陽暦の新年は、生命と文化の時空の、もっとも重要な発現形態の一つなのだ。

たしかに、月の満ち欠けは太陽の動きとは連動せず、この新年は太陽暦の一月二十日頃から

二月二十日頃の間を移動するが、この間に立春が含まれている。そのため、立春正月とも呼ばれる。改暦以降、日本では旧正月と呼ばれるが、韓国ではソルラル（설날）、中国や台湾では春節として今日でも強く意識され、この立春正月が西洋暦の新年と別に祝われる。立春正月は自然現象の観察に基づき、人と太陽、月、地球の関係性を精妙に表現している。自然科学的にも優れた解釈の賜物と、とらえることができる。

若水の真の意味

そして、このタイミングで水を汲みにいくというのが本来の若水の意味だ。太陽、月、地球とわたしたち人とのつながりが弱まっていき、また力を得て、新しくなる。その時に新たな水を汲んできて、若返りの水として受けとめる。これら天体の主役との関係性が新たになることは、様々な自然、生きもの、人との、さらにはつくられたものや人知を超えるものとの関わりも、新しくなるという感覚につながる。それを水によっても意識し、代表する。

このように、若水は、生命と文化の時空の更新のメタファーであり、それ自身、その更新に含まれている。

若水を汲みに行くとき、空には月はなく星が輝いている。太陽暦の大晦日から新年にかけて月齢は毎年違ってしまう。しかし、太陰太陽暦では必ず月明かりのない真っ暗ななかで新しい年を迎える。しかも寒さがこれからおさまっていくだろうという予感をもって。これは、太陽だけとの関係性で、厳しい寒さのなかでHAPPY NEW YEAR!を祝うのとは異なる感覚だ。

立春の後、二十四節気は、雪が雨に変わっていく雨水《うすい》、虫たちが動き植物が芽吹き始める啓《けい》蟄《ちつ》、そして、春分へと続く。このような希望を胸に、汲まれる若水は、特別なものとして意識される。年配の人も赤ちゃんも若者も、それぞれの世界の存在との関係性を新たにする。

世界の文化伝統には似た習慣、民俗があり、今でもその風習が生きているところもある。ここで一つひとつを検討することはできないが、大事なことは、関係性が更新されること、関係性のかけがえのなさをあらためて意識することだ。北海道から沖縄まで列島の村々をつぶさに歩いて、民間での暦や祭り、風習を研究した民俗学者宮本常一は、長年の研究をまとめた書のなかで次のように述べている。

> われわれはまず旧年を新しくしなければならなかった。そのために若水が汲まれた。若水はわれわれを若がえらせる水であった。年が改まるということは本来一つ齢を加えるというよりも、また新しく若々しい年を迎えることであって、すべてが新しき世の出発点に立つことであった。
> （宮本常一『民間暦』一九八五年、一三〇頁）

彼は、村々では、正月には一人ひとりが歳を取るという考えよりも、新しい年を幸せなものにしようとした、そのようなこころもちの方が深かったと述べている。

新たになる関係性

わたしたちはただ一つの時空の、ある一点で生まれ、それを起点として積み重ねた日数、年月を生き、ある一点で命を終える存在なのか。もし本当に新たな年になると考えるなら、時空そのものも新たになると、とらえるべきだろう。

太陽と月と地球の関係性は毎瞬、新たになっている。三つの天体間の運動を予測する三体問題は数学と物理学の理論上、完全には解けないことが証明されている。リアルタイムの観測とコンピュータによって近似的には詳しく解くことができているが、太陽と月と地球の関係を百パーセント予測する能力までは、人はそなえていない。優れた天体観測には新たな変化に対応する開かれたこころが常に必要である。

人が新たな立春正月を迎えることは、太陽、月、地球との関係性そのものが新しくなると実感することだ。

それは、ただ一つの時空が新しくなることではない。各地で、一人ひとりが実感し、家族や隣人、あるいは地域で共感し合える多様な時空が新たになっていく。

多様時空そのものが、それぞれに根本から新しくなるといえば、大げさかもしれない。しかし、時空を数直線や座標で描かれた均質で抽象的なものとしてではなく、人がそれぞれに他の存在と関わるあり方、その芯のようなものであるととらえるなら、動く関係性がそれぞれに新しくなり、それを共感、共有し合う本来のダイナミズムが感じられてくるはずだ。

第一章でふれたように、人が文化、文明のなかで用いてきた時空は、人が他なる存在との関係性から見出し、つくってきたものだ。

太陽との関係で日時計、水を用いて水時計、砂で砂時計、重力との関係で錘《おもり》をつけて機械式時計、そしてこれに振り子を付けて振り子時計というように、人の文化、文明は、後になるほど正確なくりかえしの時間を求め、それを計る時計も、つくり出し続けた。

二十世紀になって、薄くスライスした水晶片に電気を流してクォーツ時計、原子時計を発明した。太陽や水との関係を切り離したところでつくる時間だ。だが、原子時計も、原子、光と、人自身との関係性がなければ時間はつくり出せない。

地面に棒を立ててつくる日時計が原始的で、原子時計は最先端とする見方だけでは、わたしたち人の時空との関わりは理解しえない。それらはいずれも、人が他なる存在と関わることでつくり出す時間を基《もと》にしている。

わたしたちは様々な存在と関わって生きている。日時計を使っていた時代だけが太陽と関わっているのではない。ほとんどのエネルギーは太陽からえられ、形を変えて、わたしたちはその下で生きている。若水、新年は、この関係性が新しくなるという事態を正確にとらえるための洞察的知恵として理解できる。

この知恵に学ぶならば、人という存在の関係性を、より開かれたかたちで理解できるようになるだろう。

人の宗教文化伝統では、人知を超えるものとの関係性が新たになるとする発想がくりひろげられてきた。アニミズム、一神教、多神教、あるいは神という存在を重視しない仏教や儒教においても、人知を超える何かとの関係性が新たになることが、人の文化をみずみずしく蘇らせ、豊かにする原動力の一つと考えられてきている。

第九章

生なる死

Living Death

一 死にいたる生と生なる死

生物学的な死と生なる死

現代人としてわたしたちの多くは通常、死を一度しか経験しないと考えている。

一度の死の観念にどこまでもこだわるなら、ハイデッガーが『存在と時間』（一九二七年）で執拗に展開したような思索と世界観が出現してくる。それは自らの、死にいたる生を根底に置いた世界観だが、異なるリアリティによれば、異なる世界観が開かれるだろう。

臨死体験や輪廻転生などの議論を脇に置けば、誰しも、人は生物個体としての死をまぬがれない生を生きている。しかし、生物として死ぬわけではないが、「死」という言葉でしか表せない根本的な変容が、自らに起こることがあるのではないか。

そういう経験を、生なる死（living death）、と呼んでみよう。近代とは、生物学的な死の観念が支配的になり、それ以外の死のリアリティが薄められていった時代、死にいたる生を強調しすぎて、多くの生なる死を失ってきた時代ではないだろうか。

死にいたる生ではなく、生なる死を根底に置けば、どのような世界観が現れてくるだろう。現代人は生物個体としての死の観念に大きくとらわれ、そのメタファーを用いて多くの思索を展開している。しかし、自らの経験を基礎に置いたとき、そこに自分の生物学的な死は含まれない。人の平均寿命を知ったり、近親者の死に遭遇したりして、生物学的な死の観念を培《つちか》うが、それは自らの死の直接経験ではない。だから、生物学的な死を根底に置いてものを考えるということは、間接経験を基に思索するということだ。

そこで、直接経験する出来事としての生なる死を、自らの生物学的な死によらない自らと五つの存在（自然、生きもの、人、つくられたもの、人知を超えるもの）との関係性の根本的変容、と定義しよう。生なる、というのは、生とともにある、生をかたちづくっている、という意だ。

そして、この生なる死が、個人の経験の域を越えて、人と人の間で、人としての能力、判断、作用を通じて、間接経験としてではあるが共有され、受け継がれていくとき、それを、生なる死の文化ととらえよう。

この経験を共有した人自身の関係性が後に根本的に変容すれば、それは生なる死の文化が、新たな、もう一つの生なる死をもたらしたことになる。また、複数の人が同じ出来事からそれぞれ独自に生なる死を経験し、その後、互いを理解し合うこともあるだろう。

間接経験と直接経験

わたしたちは、自分の生物個体としての死を、生きている以上は経験しない。直接経験なしに物事を考えるなら、少なくともその間接性を自覚する必要があるだろう。人はみんな、生物個体として死んできた。しかし、生きているわたしたちはその事実を、自らの死の直接経験から確かめているわけではない。生きている以上、生物学的な死は、外から接するようにして察するしかない。

生物学的な死に、特権的な地位を与えて死を考えることで、大事な何かが失われてきたのではないだろうか。しかし、不思議なことにわたしたち現代人は、生物学的な死が間接経験にとどまるという事実に無自覚でいることが多い。

では、生なる死を生物学的な死と対等に置くことによって、どのような視界が開けてくるだろうか。

生なる死では、自らの生物学的な死によらず、自らと他の存在とのこれまでの関係性が断ち切られ、くつがえされる。

近親者、親友、恩師など、自身と関係が深い人の逝去に遭遇すれば、自らにとって関係性の根本的変容が生じる。この場合は、自分以外の人の生物学的な死によるが、人間関係の行きづまり、社会的事件、自然体験等、様々なきっかけが考えられる。

生なる死とその文化が、人の文化全域に大きな影響を与えてきたことは明らかだろう。一人ひとりの関係性の根本的変容の集積が共有、継承されるならば、それはまた、文化全体に根本的な作用を及ぼす。

わたしたちは、第一章で、広範な影響力をもつようになった文化を文明としてとらえており、生なる死は文明においても重要な位置を占めるといえるだろう。

生きているうちのほとんどの期間、生物学的な死は間接経験である。

やがて、自らが病気、怪我、寿命により、命の終焉を避けられない状況にいたったとき、生物学的な死は直接経験に近づいていく。間接経験からの移行はチャンネルの切り替えのようにはいかず、プロセスとして進むはずだ。このような事態も自らの関係性を根本的に変化させていく。つまり、自らの生物学的な死への接近も、生なる死を伴っていく。

近代の呪縛

しかし、近代以降、このような生なる死とその文化的継承が、人の生物個体としての死の観念と同列に置かれることが減り、人びとは多様な死の根底に、暗黙のうちに生物学的な死を中心基軸とした発想をもち込むようになった。わたしたちは、この呪縛から逃れることが難しい。

だが、生物学的な死を絶対的基準とせず、生なる死を対峙《たいじ》させてみることは可能だ。生物学的な死を、物事を考える根底に置くことは、自分がよくわかっていない事柄をメタファーとして用いることだ。これは、第五章で『ペスト』の重要人物タルーが、人が人に死を容認してしまう致命的思念をメタファーとしたこととは、一見、似ているようでいて、まったく異なる態度だ。タルーは、自らが人生を賭けて闘ってきた、人のこころの闇を経験的に知り尽くし、深く自覚していたからだ。

まだ、第六章の龍と龍鱗は、想像のメタファーだが、いずれも人が自然、生きものと関わってきた多様で豊かな直接経験に基づいて造形されており、生物学的な死のメタファーが間接経験にしか依拠しえないのとは対照的である。

死という言葉で、ここに指し示している関係性の根本的変容には、従来、様々な含意が込められてきたはずだ。生物個体としての命の終焉は、あくまでそのなかの一つであろう。

おそらく、生物学的な死と生なる死との絡み合いは、人が有史以前から経験してきたことだろう。だが、近代以降、死は、主として生物個体としての命の終焉を意味し、多様な死の形態は、生物学的な死のメタファーによって考えられるようになってきた。

なぜ、直接経験していない生物学的な死について知っている気になるのか。これまでに一般化されてきた科学的知識が、わかった気にさせるからだろうか。

身近な人の命の終焉は——たとえば、妊娠した女性が胎内で子を失ってしまうようなとき、もっとも身体的に近いといえよう——、わたしたち自身の関係性を変えるだろう。だが、一人ひとりの主観的認識は、おのおのの経験、境遇によって異なっている。

生なる死の文化を共有し、継承し合う機会を失えば失うほど、わたしたちは、一般化されている科学的知識を思い浮かべ、平均寿命や、人はみんな、死ぬという事実をもって、何がしかを知っているつもりになってしまう。そして、自らの生物個体としての死を経験していないことは忘れている。その結果、多様な死への感受性を遠ざけてしまう。

一度ではない死——関係性の根本的変容

では、死にいたる生を玉座に据えず、死という言葉を、生物個体としての命の終焉という意味に限定しないならば、どのような世界が見えてくるだろうか。

まず、生なる死において、死は一度ではなく、何度でも起こりうる出来事になる。関係性の根本的変容は一度きりではないからだ。だが、これは同じことの反復ではない。それまでの関係性から断絶して、飛躍が起こり、その結果、何かまったく新しい事態が生じる。大事なことは、生なる死は、生物個体としての命の終焉に従属するものでも、そのメタファーによって理解しつくせるものでもないということだ。

生物学的な死に特権的な地位を与えると、多様な世界観に開かれた構えをとることはできない。しかし、生物個体としての死にとどまらない何かを問題にしている点で一致していれば、存在についてのとらえ方が異なっても、そこから立ち現れる世界観の比較と対話ができる。

　そもそも、わたしたちは、生物としてこの身体が生きている間ずっと持続していると、どうして思い込んでいるのだろうか。

　現代では、持続する生物的な身体というとらえ方は挑戦を受けている。わたしたちの身体は、分子レベルでは一年ほどですべて入れ替わってしまう。持続しているのは物質としての身体、細胞、有機物を形づくっている分子そのものではない。その分子の関係性のあり方、構造である。それが一定は維持されるが、微妙に変わっていく。では、そのような動的平衡《ダイナミック・イクイリブリアム》がわたしたちの存在の根底を形づくっているのだろうか。

　わたしたちは自分を生きている。動的平衡について生物学者が教えてくれる知識をえて、そのような状態が生物として生きていることだと解するわけだが、このこころのなかの生きているという実感は、また独特だ。今呼吸をしている。食事をする。様々な関心をもつ。ふと過去のことを思い出す。未来に思いをはせる。こころは様々に動き、働いている。そして、今生きている、生きてきた、これからも生きたいと思う。

　このような自分は、果たして、ずっと同じ自分なのだろうか。同じでもあり、変わったところもある。自分の持続性を感じること、自分が生きていること、他ならぬ自分は自分だと思うことは非常に大事なことだ。けれども、自分は生まれ変わったのだ、もう過去の自分ではない、そのような実感をもつこともある。素晴らしい音楽を聴いた後で、その音楽を知らなかった自分はもう存在していない。記憶に残るものを食べた後で、その味覚を知らなかった自分はもう存在せず、新たな自分が加わっている。

関係性の根本的変容とは、わたしたち自身と五つの存在との関わりのあり方が根本的に変わることだ。五つの存在は、第一章から、自然、生きもの、人、つくられたもの、人知を超えるもの、という言葉で表してきた。自分とこれらの存在との関係性が根本的に変容するのだ。

具体的には、自然と生きものとの関係性については、これらとふれあう経験から大きな洞察を得ること、そして、その深い経験や洞察から、自分の人生の意味や世界観が大きく変容すること、だ。環境問題を告発した先駆的名著『沈黙の春』で知られるレイチェル・カーソンの説く驚きの感覚《センス・オブ・ワンダー》（sense of wonder）、アフリカでの地域医療に尽力したアルベルト・シュヴァイツァーの生への畏敬《エアフルヒト・フォア・デム・レーベン》（Ehrfurcht vor dem Leben）など、偉大な学者の洞察も先例といえるが、本質的に、わたしたち人の誰もが経験しうること、ととらえよう。

人との関係性については、大事な人との別れや精神的に深い師との交流等によって、自分の人生の意味が大きく変容すること、など。

つくられたものとの関係性については、たとえば、仏像なども、作為性の観点からは、つくられたものであり、その前で祈ることによって、人生が大きく変わること、などもありうる。人の文化の所産はきわめて幅が広く、多くの事例を念頭に置くことができるだろう。

人知を超えるものとの関係性では、アメリカの心理学者で哲学者ウイリアム・ジェイムズの『宗教的経験の諸相』（一九〇二年）やドイツの神学者ルドルフ・オットー『聖なるもの』（一九一七年）以降、宗教哲学や宗教学で百年以上議論されてきた宗教的経験《レリジアス・エクスペリエンス》（religious experience）が典型的な事例といえよう。生なる死の概念は、宗教的経験の概念も含んでいる。宗教的経験の概念を広げるのではなく、生なる死という広い概念を用いれば、他の豊かな人間経験との違い、断絶より、共通性、連続性の方に目を向けることができるのではないか。

そして、五つの存在は、それぞれが重なるかたちでも、関係性の根本的変容をわたしたちにもたらす。五つの存在を、五つの関係性（自然性、生命性、人間性、作為性、超越性）の観点から、グラデーションによって見れば、わたしたち、それぞれの気づき、とらえ方を通じて、生なる死の理解を、徐々に深めていくことができるだろう。

わたしたちは変わりゆく

わたしたちは関係性の根本的変容を様々なかたちで経験し、そして生物学的な死も、別の意味での関係性の根本的変容である。このようにとらえることで、生きていることと生物学的な死とを対立的に考えない世界が開けてくる。

逆にいえば、わたしたちが今生きているなかで関係性の根本的変容について理解しようとしなければ、生物学的な死の主体的理解にも近づけない。しかし、生きていながら関係性の根本的変容への理解を深めていけば、生きものとしての人の存在が終わるということの意味も、何か本質的なことを理解できるようになるかもしれない。

わたしたちは変わらないもの、変わりにくいもの、変わるもののなかで生きている。重力のような自然法則、これはこの宇宙が終わりでもしなければ変わらないかもしれない。また変わるもののなかでも、変わり方が遅いもの、速いもの、目につくもの、見えないものがある。わたしたちが生活し、文化を築いているときに、変わるものの方が一般的だ。人は成長し、歳を重ね、老いていく。この変化のなかにあって自分のことを、自然法則ほどに変わらないと思い込むこともあるだろう。しかし、すぐに、永遠には続かないこと、この自分の身体に寿命があることを知識として知ることになる。

わたしたちは人として、人をしながら生きている。生きているけれどもやがては死んでしまうだけの、はかない存在ではなく、生きていながら様々なレベルで幾度も多様な死を経験し、再びよみがえる、ということを続け、日々を送り、そしてその延長線上に生物としての寿命を終えるのだ。

記憶、模倣・再現と主体性

それでも、わたしたちは、自身や他の存在との関係性が根本的に変化していくことを、ともすれば忘れがちだ。それには近代の呪縛以外にも理由があるかもしれない。思考や感性が鈍るからだろうか。物事を記憶する能力が仇となるからだろうか。

進学あるいは就職したのに、前の学年や自分が所属していた学校のことをふと思い出す。しかし、記憶によって以前の関係性がこころに浮かんでも、それは今ここに存在しているわけではない。共通する記憶をもつ者で集まって思い出話に花を咲かせるとき、過ぎ去った出来事が戻ってきた気持ちになることもあるが、互いの状況は変化しており、同じ関係性が今、目の前にあるわけではない。

わたしたち人は記憶という能力を複雑に有する生きものだ。記憶によって過ぎた関係性を再現し、自らと他者の記憶を伝え、その積み重なりを自在に活用して文化をつくっていく。関係性の波は、打ち寄せては別のものに変わっていくにもかかわらず、過ぎた波をまるで今、目の前にあるかのように再現する。わたしたちはそのようなことが大好きだ。他の存在による過ぎた関係性の痕跡を手がかりに、何万年前、何千年前の時代さえ模倣され、再現される。まるでそれが今ここに生起したかのように。

しかし、このような作業を続けることによって、わたしたちは錯覚してしまう。普遍的な一つの時空があり、そのフォーマットの上で、そのただ一つの網のなかで、たしかな過去を思い出し、手がかりを発見し、再構築し、それを続けていけば失われた様々なものを復元できるだろう、と。

過去の歴史については、ますます手がかりを集め、再構築を続けていくことができるだろう。

これからわたしたちも死にゆくが、誰かがその作業を継承してくれるだろう。こうして一つの時空という巨大なプラットフォームに、あたかも無数のデータを蓄えうるかのように歴史家は歴史を書き、学校では歴史を教え、様々な博物館は過去の集積物を収集、展示し、その蓄積が今日の文化、文明の一端を表象していく。

しかし、これまで見てきたように、時空のフォーマットはただ一つというわけではない。それはあくまで仮想的につくられたもの、人がその時々にイメージしているものにすぎない。そして記憶も書き換えられ、ときには抹消され、変化をこうむっていく。

わたしたちはなぜ、過去がこうだったということを知りたいのか。江戸時代の人びとはこのように生活していた、縄文時代の人びとはこのように自然と共生していたなどと、その暮らしぶりをイメージするのか。人は自分以外の他の存在に、他の人びとに思いをはせる生きものだ。古代ギリシアの哲学者アリストテレスが人の特徴として鋭く洞察した模倣・再現《ミメーシス》（mīmēsis）によって、自分以外の何ものかを表し、追体験することに喜びを見出す。それが、他の存在に成り代われないという意味で、どこまでも間接経験にとどまるものであったとしても。

一つの時空を思い描き、そのなかに各時代、各国の様々な出来事を史実として配置していけば、わかりやすいが、いつの間にか、わたしたちはアクターとして存在するようになり、その一つの世界の一角をどうにか自分の存在で埋めなければ、と考えてしまう。しかし、アクターとして、いつかは退場しなければならないと、寂寥《せきりょう》感にも苛《さいな》まれる。

このような見方をひっくり返してみよう。わたしたちは、それぞれの時空を生きている。わたしたち一人ひとりが時間であり空間でもある。わたしがなくなると、その固有の時間と空間もなくなる。ただ一つの時空にすべてを記録することはできない。本物をとどめることはできず、影のようなものを投影するにとどまる。

わたしたちが一つの時空を考え、そのなかで直列的な歴史年表を思い浮かべるのは、それが単純で都合がよいからだ。けれども、たとえば江戸時代にも縄文時代にも並列的に関わることもできる。江戸時代にアクセスする方が縄文時代よりもアクセス時間が短くて済むということはない。縄文時代の地層は江戸時代の地層よりも深いが、掘り起こされてみればどちらも同時にながめることが可能なのだ。

二　死の形態と時空

生物個体としての死と統一時空

生物学的な死の特権化は、どのような世界観を導いてきたのだろう。

友人、大切な人の命が失われたとき、わたしたちは自らの関係性の大きな変化を感じる。しかし、それまで関心をもたなかった人の命が失われたことをニュース等を通じて知った場合は、同じほどの変化を感じることはない。

それでも、生物個体としての命の終焉という死のとらえ方は、自らが関心をもっている人にも、もっていない人にも等しく適用される。その認知が生物学的な死の間接経験だからだ。逝去した人が大切な人であっても未知の人であっても、それは同じだ。

では、間接性が伴う生物学的な死は、どのような世界に結びつきやすいのだろう。どのような世界内において起こる出来事と解されやすいだろうか。

それは間接性を特徴とする世界、時空であるはずだ。直接的に経験しない出来事は、間接的な時空と親和性がある。自らが参画する前から決められている時空だ。

統一を志向してつくられ、維持される時空に慣らされた現代人は、人の存在と関係なく均質な時間が流れ、均質な空間が広がるイメージで世界をとらえる傾向が強い。現代物理学の知識をもって時空のゆがみを気にする者も、そのゆがみさえ物理法則に従い、相対性理論のような方程式によって記述可能なのだから、統一的な時空が世界に広がっているとみなしがちである。

しかし、第一章で見たように、そのような統一時空は、基準点を定め、原子時計と人工衛星を駆使する能力、権限を兼ね備えた組織や政体の意思と行為なしには、現れることはない。相対性理論自体にバイアスはないが、どの原子時計の算出する原子時を重み付けし、どの人工衛星群を選択するかによって、創出される統一時空は異なってくる。これは、時空という初期条件を、どの権力主体がいかに定めるのかという問題だ。

ところが、現代人の多くはこのような事実を意識していない。漠然と何か客観的な時間が流れ、客観的な空間が広がっていると思っている。だが、もし真に客観的な時空があるとしても、それは統一時空とは、まったく異なるものだ。なぜなら、本当の意味でのリアルな時空は、安易に一つとみなせるものではなく、謎そのものであるからだ。そして、統一時空こそ、技術と権限を手中にする機関、政体がつくり出し、維持し続けているものだからだ。

このように統一時空は人が定めている時空であるが、わたしたちがそれぞれ自由に定めているものではない。統一時空の間接性と生物学的な死の間接性とが出会うとき、人は、ある時——実際は、参照可能な、それぞれの国の標準時に準拠した年月日時分秒を用いることが多い——、ある場所で、ある年齢の人が亡くなったと観念する。しかし、わたしたちは、この時空自体を直接定めることも、この死そのものを直接経験することもない。統一時空のなかで観念される生物学的な死には、二重の間接性が運命づけられている。

この時空は原子と光と特殊装置と演算、そして少数者の意思によって統一を図られているため、時空そのものの本質は無味乾燥だ。たとえ、自らにとってかけがえのない人が亡くなった場合でも、統一時空に準拠して位置づけられるなら、亡くなった時間と場所そのものは、マークしておく点のようなもので、特別な意味をもたない。その時空は亡くなった人の存在と関係なくつくられたもので、原子のふるまいの等時反復が基盤であり、亡くなった人の存在が影響することはないからだ。

これまでに生きて亡くなった人びとを、ただ一つの時空のイメージのなかで考えようとするなら、いかなる存在として想起されるだろう。人はみんな、死ぬ、という命題が、現代において、統一時空の影響下にないと言い切れる保証はないはずだ。

統一時空の限界

たしかに、世界には一つの時空が広がっていると考えてみることはできる。そのような時空をテクノロジーで仮設できる。そうした時空を利用して、様々なIT機器を制御できる。しかし、それは人という存在が、そのように考え、仮設し、制御しているということであって、リアルな世界がそうであることを保証するものではない。同様に、人は、世界にはいくつもの多様時空があると考えてみることもできる。生なる死と密接な関係をもつのは、そのようにしてこそ、とらえられる時空だ。第二章で見出し、以降の各章で、具体的事例を通じて理解を深めてきた生命と文化の時空を、統一時空に対峙させてみよう。

人が導き、つくり出す時空の観点からは、その作為が直接的か間接的かで、決定的な違いが生じる。前者は一人ひとりが自律的に時空を定めることができる。後者は圧倒的多数に時空をつくる技術と権限はなく、与えられた時空に自らの方から同期する習慣が一般化される。

人は、自然との関係性から、様々なとらえ方による時空を導き、つくり出してきた。文化、文明のかたちによって時空の様相は違っていた。自然条件に適応し、これをつくりかえて生活しつつ、社会の多数の成員をまとめ、また、文化、文明の利器を制御するため、より正確な、精度の高い等時性をそなえた時間と、そこから作図できる空間を求めるようになった。

しかし、現代人のわたしたちも、多様なリアリティのなかで存在しているのであって、原子時計と人工衛星の物差しだけで生活しているわけではない。

太陽と地球の運動の観測から導き出される天文時間では、地球の自転、公転がセシウム一三三原子の等時性に比べ、相対的に大きなゆらぎと変化を含んでいるため、GPS等が実用できないほどの誤差が生じる。第一章でも、国際原子時だけに合わせれば、人の生活はリアルな地球環境から遊離してしまうことを指摘した。通常は原子時を基準にしながら、数年に一度、不正確な天文時間に合わせるため、うるう秒を加える。

等時性とは、同じとみなせる現象が反復される性質を意味する。高精度な等時性ほど生命のイメージと対極的な性質はないだろう。生命が迎える死のイメージとも、この性質は相容れない。

統一時空に無自覚に依拠した時空観のもとで生と死をイメージし、生きものや人を位置づけるとき、わたしたちは、性質の相容れない瓶《かめ》に生と死を入れている。生没の時や寿命、場所の位置情報を記述しても、それらが他の存在とどのように関わっているのか、関わっていたのかがわからなければ、生や死そのものについて、じつは何も語っていないことになるからだ。

なぜ、このような器に生と死を位置づけるのだろう。

それは、生きものや人、さらにすべての存在を、統一的に把握したいためではないだろうか。医療、政治、経済等の目的から、人権が尊重された上で、社会福祉に役立てるために統一的把握が必要なことは理解できる。しかし、そうした把握がすべてであるかのような錯覚が通念として独り歩きするとき、背景には人工性が巧みに隠された統一時空が控えている。存在の統一的把握は制御に効率的だが、一歩まちがえば、過剰な支配を招いてしまう。

だからこそ、生命と文化の時空について、深く考える必要がある。人は直接経験とその継承によって、様々な時空を導き、生み出し、つくり出し、共有し、受け継いで、文化、文明を築いてきた。生なる死は直接経験であり、生なる死の文化はその共有と継承である。生なる死は生命と文化の時空に深く結びついているのだ。

生なる死の基盤

先に、生なる死を、自らの生物学的な死によらない自らの関係性の根本的変容、と定義した。それは等時反復を基礎に置き、間接性を特徴とする統一時空によってはとらえられない。統一時空に位置づけたとしてもそれだけでは意味をなさず、統一時空をつくる原子や光、装置、数以外の、自らを取り巻く多様な存在との関係性を、とらえなければならないからだ。

生なる死について考えるとき、生きるということ、存在、関係性をどうとらえるのか、という問題が浮上してくる。

生きることは、それ自体が独特の意味をもっている。同じ出来事の等時反復の集積としては本質を把握できず、そのような現象に還元できない、まとまりをもった何かだ。そして、生きているとそのものが生命の時空をなしている。生きものは、それぞれが自ら独自に時間、空間を把握する身体を、時計細胞、空間細胞などのかたちで有し、移り変わる自然との関わりで独自の時空把握をしている。

わたしたちは、存在について、自然、生きもの、人、つくられたもの、人知を超えるものの五つの観念を中心にとらえてきた。人自身と五つの存在の関係性、及び、そこから生まれ、継承されることのある事物として人の文化を考え、そのうち広範な影響力をもつようになった文化を文明ととらえた。

このような立場からは、文化、文明の重要な一部で、その屋台骨をなすものこそ、生命の時空を基盤とする文化の時空であり、文化の時空そのものが、人と五つの存在の芯をなす関係性として成立してきていることになる。

自然暦、民間暦、十二時辰法と不定時法、天文時間は文化の時間であり、これらの時間に伴う空間把握を合わせ、それぞれに多様な文化の時空を形成してきたといえる。

反復でなく、大切なこととして、くりかえしたい。生命と文化の時空とは、生命の時空の基盤の上に文化の時空をとらえるものだ。

生物学的でない再生

あらためて、生なる死とは何か。

それは、生きており、人であるわたしたち自らの、五つの存在——自然、生きもの、人、つくられたもの、人知を超えるもの——との関係性が、根本的に変容すること、だ。五つの存在はいずれかでもよい。それは、生命と文化の時空に関わる出来事である。

そして、この直接経験としての変容が、人と人の間で共有、継承されるとき文化となり、深い陰影を刻印する。

今生では自らの生物個体の命の終焉は一度だけだが、直接経験としての生なる死は何度も起こりうる。それが共有、継承されれば、文化、文明に強い影響が及んでいく。

たとえば、釈迦やイエスの存在が、多くの人びとの関係性に何らかの根本的変容を及ぼし続けた結果、そこから豊かな文化が展開し、後世に甚大な影響を与えてきた、と考えることもできる。

さらに、生なる死に必然的に伴う事態として、再生のテーマがもち上がってくる。それまでの関係性からの断絶と根本的変容の後、新たな関係性が生じることを、生物学的な意味に限定せず、再生ととらえることができるためだ。そして、再生の共有、継承から、文化、文明における再生の問題を考えることができる。

だが、人は自らの関係性の根本的変容になかなか気づかず、自覚しない場合も多い。

そこで、先人たちが何を関係性の根本的変容に相当する経験ととらえてきたのか、生なる死の文化を知り、理解を深めることが、大切な鍵となる。第八章で扱った、月と太陽の暦に基づく冬至、立春正月、数々の儀礼や祭り、数え年の文化などの根底には、先人たちが共有、継承してきた生なる死の文化が潜在している。

関係性の根本的変容の共有、継承は、近代化前の文化、文明において多様な様相を呈していたはずだ。

ところが、見てきたように、近代化の進展によって生物学的な死と統一時空が優勢となり、生なる死、生命と文化の時空を突き崩し続けて、今日にいたっている。わたしたちの多くは、一つの時空に生まれ落ち、一度きりの人生を生物個体として生き、死ぬかのように思い、それこそが科学的で、特定の宗教や思想に左右されない中立的な考え方だとみなしがちである。

しかし、その考えには巨大な偏りがひそんでいる。自らそのものが時空であり、生物個体としての寿命の終焉にいたる前に、多様な存在との間で何度も、関係性の根本的変容、すなわち、生なる死と、その後の再生とを直接経験しているはずだからだ。

三　生なる死の復権

アルゴリズムとデータの死、AI時空

ここに、新たな事態がもち上がってくる。それは、生なる死の無自覚化、忘却の原因となってきた生物学的な死の特権化さえゆるがす新テクノロジーである。

ユヴァル・ノア・ハラリはホモ・サピエンスのマクロヒストリーと未来予測を分野横断的に分析、考察した書 *Homo Deus*（二〇一五年、邦訳『ホモ・デウス――テクノロジーとサピエンスの未来』二〇一八年）で、生命科学と人工知能（AI）などコンピュータ科学の急激な発展により、有機体をたんなるアルゴリズムとして、生命をデータ処理過程としてとらえる傾向が科学全般に顕著になっていると警鐘を鳴らした。脳科学をはじめ最新科学のトレンドが、近代啓蒙思想に基づくヒューマニズムが依拠してきた人の感情の内なる声すら、アルゴリズムの働きとして分析できるとしていることに、ハラリは注目した。

その上で、意識はもたないが優れた知的アルゴリズムであるAIが人以上に人を理解するようになるとき、不可逆的なインパクトが社会や日常生活にもたらされ、意識はもつが知力でAIに劣る大多数は、これまでのように人としての優位を保てず無用階級《ユースレス・クラス》（useless class）に転

落する、と警告した。結論で彼は、有機体はたんなるアルゴリズムで生命はデータ処理過程に過ぎないのだろうかと問い、現代科学で優勢になっている、この生命観自体を吟味、検証するよう、わたしたちに促している。

もし、人を含む生命がアルゴリズムで処理されるデータ処理過程にすぎないとする生命観、人間観を突き崩すことができず、この前提に立つＡＩ研究、ロボット工学、生命科学をわたしたちが無条件で受け入れていくなら、生物個体としての死に代わり、アルゴリズムとデータの死が、今後の文明において主たる関心を引きつける死の観念となるだろう。

それはアルゴリズムとデータの不可逆的な廃棄、消去を意味するだろう。したがって、アルゴリズムとデータの死の先には、再生はない。また、生物個体としての命の終焉以降も、そのアルゴリズムとデータを別の媒体にバックアップできるなら、死は先延ばしされ続けることになる。それはもはや再生とはいえない。

このような状況は、ＡＩ時空とも呼ぶべき新たな時空を出現させる条件をそなえているというべきだろう。統一時空では、時間を統一的に把握し、それを基に空間を導出し、時空を統一的に把握しようとする主体は、少数者であれ人であった。しかし、ＡＩ時空では、その主体は人ですらなくなる。

ここで、「時空と死の対照表」をまとめておこう。

時空と死の対照表

	生命と文化の時空	統一時空	AI時空
死の形態	生なる死	生物個体としての死	アルゴリズムとデータの死
死の経験	直接	ほとんど間接	間接
再生の有無	有	無	無

現時点では、ＡＩは統一時空に依拠して作動している。統一時空を活用し、そのプラットフォームでビッグデータを駆使してパターン認識を行っている。統一時空がなければ、大量のデータを超高速で精密に処理することは不可能だ。しかし、時空そのものを定める権限を、汎用ＡＩが人から奪う事態が起こらないという確実な保証はない。そのような時空では、統一時空が維持している、うるう秒のような調整すら、重要でなくなるかもしれない。地球環境に向き合う第一の主人は、人でなくＡＩとなるからだ。

あるいは、ＡＩ時空の登場以前に、国際原子時を創出、管理、運用している国際協調体制がゆらぎ、米国や中国など覇権を争う大国が、最新鋭の性能と精度を誇るＡＩと原子時計、人工衛星を用いて、これまで以上に、独自の統一時空体制を構築する道を突き進み、同盟国や周辺諸国を巻き込んで、自らの意思を貫徹しようとするかもしれない。

中国は国際原子時の寄与率で米国に次ぐ位置に躍進し、中国版GPSといわれる北斗衛星導航系統《ほくとえいせいどうこうけいとう》を二〇二〇年に完成させている。また、ヨーロッパ連合はガリレオ、ロシアはグロナスを、GPSや北斗衛生導航系統のような全地球航法衛星システム（GNSS：Global Navigation Satellite System）として、日本は「みちびき」を、アジア・オセアニア地域をカバーする準天頂衛星システムとして運用している。

これらの時空競争においてAIが濫用されれば、生も死もないがしろにされてしまうだろう。そうした懸念は、時空とAIのテクノロジーに常につきまとう。

この危機に対抗するには、多様な存在と時空の尊厳という新たな思想と、これを守るガイドラインが不可欠になってくる。

日常の不思議

人として生きているということは不思議なことだ。毎日同じような出来事をくりかえしているように見えて、確実に何かが変わってゆく。わたしたちが自覚しようとしまいと、そこには多くの関係性の根本的変容、その萌芽が潜んでいる。毎瞬間が無常だとみることもできる。この世に存在するすべては変化していく。

わたしたちは、自然、生きもの、人、つくられたもの、人知を超えるものの五つの存在と、日々、関係を結んでいる。だが、その関係性の不思議さ、玄妙さを意識することは少ない。単調なことがくりかえされているように思いがちだ。

しかし、そうではない。日々の生活のなかに、関係性の根本的変容にいたる様々なきっかけが生じてきている。特別な神秘的体験、宗教的経験だけが問題なのではない。それは日常的なことでもある。いろいろな経験をバラバラに切り分けるのではなく、人として生きているなかで、生なる死は準備されている。

そして、この生なる死というとらえ方によって、わたしたちは別々の地域、国の文化伝統のなかにもその痕跡を発見し、人としての文化の共通要素としてとらえることが可能になる。たとえば、太陽の力がもっとも弱まり、回復する冬至の祭りとイエス・キリストの誕生を祝うクリスマス。この類比は古くからの冬至の祭りに、伝承で定まらないキリストの生誕日を祝う祭りを、カトリック教会が重ねただけという以上の意味がある。冬至という、自然との経験のなかにも関係性の根本的変容を想起させる要素がある。そして、キリスト教文化圏では、救い主イエスの誕生が、人知を超えるものとの関係性の根本的変容のはじまりと、受けとめられているからだ。

生なる死によって世界をながめる

前章で考察した、新しい年を迎える上での民の知恵にも、生なる死を見出すことができるだろう。人は生きている間に「死」を何度も経験しているのではないか。このような素朴な問いから、この古くて新しい生死観をとらえ直すことができよう。

　わたしたちは自分の外に死を目撃している。花は萎れ、虫は死にゆき、人の死以外にも様々な死を前にする。そのときに、自分はまだ死んでいない、生きている、自分の寿命はどれくらいだろう、と思うだけだろうか。あるいは、自分も生きながらにして様々な「死」を経験している、その死をもって日常に広がる様々な自然、生きもの、人の死に対面しているのだと考えるだろうか。

　死を生物個体としての死――それは近代になって心臓死や脳死をもってとらえられてきたが――に限定する。この発想を様々な死について考える基盤とし続けることで、今世紀を生きていけるだろうか。

　人の存在がデジタルデータに、または、そのデータを活用した人工知能に置き代わるかもしれない。そのような技術的可能性が議論され、生きものとしては死んでも、人の残す様々なデジタルデータ、あるいはＤＮＡの痕跡が後々にどのように受けとめられていくのか懸念される現代に、わたしたちは生物としての死をもってピリオドとするのだろうか。そのピリオドまでは生きていて、様々な出来事に対応し続けると、そう考えるのだろうか。

　しかし、関係性の根本的変容として、生なる死を死のとらえ方の中心に位置づけたとき、わたしたちには、世界を新たなまなざしでながめ、向き合う可能性が生まれている。

生なる死の復権

生物個体としての死のみならず、アルゴリズムとデータの死が特段の地位を占めるかもしれない今後の世界において、生なる死はいかなる意義をもつだろう。この問題を考えるためには、わたしたちの存在が、生物個体、および、アルゴリズムとデータ処理過程の、いずれにも還元してしまえない何かであるとする立場に立たなければならない。

その上で、可能な限り、その立場を強めるための状況証拠を求めるのだ。

宗教、民俗を含む文化伝統の知恵にあらためて照明を当てるとともに、より広範な科学的知見に目を向け、相互の対話に取り組むことは、感性と知性を刺激する挑戦だ。宗教、民俗の文化伝統の多くが近代化過程において再解釈され続けた結果、わたしたちは、それらに含まれていた、存在と時空の多様性に関する知恵の多くを見失ってしまっている。第四章では、この知恵の一つを回復しようとする発想から、人と米の両方を主体として見ながら、関係性の根本的変容につながる経験について分析してみたともいえる。

さらに、第五章の終わりでふれたように、最新の微生物学は、人が数十兆個の人体細胞の数倍から十倍の微生物を身に宿している事実を明らかにし、この微生物叢《マイクロバイオーム》が人と共生することで、人体とこころの健康が維持される仕組みを解き明かしつつある。マイクロバイオームはすべて集めると脳と同じほどの重量になり、母親から受け継ぎ、一人ひとりが固有の微生物構成をもつこともわかっている。

ウイルス学も急激に発展し、体内ウイルスの数がマイクロバイオームの少なくとも数倍以上にのぼること、さらには、わたしたちの遺伝情報であるヒトゲノムの約半分が太古の昔に感染し共生するようになったレトロウイルス由来という驚くべき事実を明らかにしてきている。人は少なくとも百兆個の微生物、千兆個のウイルスとともに「人生」を送っている。

これらの発見は人間観を深化させる可能性を有している。今後想定される可能なコンピュータの処理能力にも手に負えないほど膨大な数の常在細菌、常在ウイルスとの関わりのすべてを合わせてアルゴリズム、データとしてとらえ、置き換えることが果たして可能か、という新たな問いも喚起させる。

現代の常識をくつがえす最新科学の知見に親和的な人間観が、民俗的な文化伝統のなかに見つかるかもしれない。その知恵のなかには、個としての人の存在を、目に見えないものの気配を含めてとらえる発想がある。その考察は、先人たちの直接経験に新たな光を当てることであり、ハラリが警告する新テクノロジーのドグマの相対化にも貢献しうるだろう。

ハラリのように、近代化では宗教文化伝統をヒューマニズムが脅かし、現代にはヒューマニズムを新テクノロジーとしてのＡＩとロボットと生命工学が脅かすにいたっていると、単線的に歴史をとらえる見方では、きれいに整理されすぎており、統一時空やＡＩ時空に、根源的に対抗することは不可能に思えてくる。

しかし、人と五つの存在の関係性から多様性を見出す、生命と文化の時空の立場からは、それとは異なる並列的歴史観が立ち上がる。今日、宗教文化伝統、ヒューマニズム、新テクノロジーの三つの領域が同時的にわたしたちに問いを投げかける文明状況になっているためだ。

じつは、生きものや人の存在をアルゴリズムとデータ処理過程に還元するなら、それは生きもの、人、つくられたものの区別がなくなることを意味している。しかし、このようなＡＩ・ロボット・生命の工学に限らない、より広い最新科学、宗教文化伝統、ヒューマニズムの広範な対話抜きに、そのような立場に立つのは危険である。

生なる死は、人自身の直接経験として文化、文明の再生の礎となってきたはずだ。今後の文明の方向性は、わたしたちの存在、及び、関係性、また、その直接経験と、それを共有、継承することの意義を、わたしたち自身がどう理解していくかにかかっている。

第十章
新たなる時空

Novel Time-Space

一　人としての関係性

人として認め合う判断

わたしたちは判断によって人を人として見出し続けている。五つの存在を観念する上でも、生命と文化の時空を見出す上でも、人として認め合う判断は大切だ。

人が人として認め合うとは、どういうことだろう。わたしたちは、日常生活をおくりながら、どれほど人として、認め合い、応答することができているだろうか。

親子、祖父母と孫、親戚、友人、恋人、配偶者、パートナー、隣人、知人、学生と教師、先輩と後輩、労働者と資本家、顧客と販売者など。持続的、一時的な様々な関係がある。ファンとスター、患者と医師、有権者と政治家なども関係性だ。

わたしたちは人を人として認めるときに、自らとは別でありながら、同じような特徴をきわめて多く有している存在として、それと認めているのではないか。自らを人として意識するときにも、自分が、他の存在と、多くの似た特徴を有しており、そのことをもって人として認識する。こうして、人という言葉に対応するイメージが生じてくるのだろう。

その特徴は、ＤＮＡを含む物質的な面のみにとどまらない。ＤＮＡは、髪や歯、皮膚の一部、出土した人骨からも採取できる。それらは人の痕跡であっても、わたしたちが日常そうとみなしている、人そのものとはいえない。

この、別でありながら、同じような特徴を多く有すると認める判断は、人によって、状況によってゆれ動いている。

自発的に人として人に関わり、そこから独特のリズムや動きが生じるとき、それはお互いにとっての出来事で、それぞれが時空を描き、複数の「わたしの時空」としての「人の時空」が重なることになる。

直接、また、スマートフォンなどのデバイス越しで、接し合う。

統一時空という一つのプラットフォームで出会っていると、みなすこともできる。しかし、より深い層では、あらかじめ通約されていない、それぞれの時空が接しているのだ。まるで、互いが別々の言語を話しているかのように。さらには、同じ言語を語るとしても、それぞれが生きて今にいたっている背景が異なっているように。

一人ひとりがそれぞれの世界だ。ただ一つの世界で人びとが出会い、関係しているという世界観はシンプルで、便利で、そして、安易だ。この便宜上の時空は、現代文明によって、これからもつくられていくだろう。しかし、一人ひとりが、それぞれに時空であり、それらが出会い、関係するという世界観は、その多様性にめまいを覚えるとしても、これこそがリアリティをとらえている。

時空の離反と消滅

しばらく生きていれば、これまで親しく接してくれていると思っていた人たちがひとり、また、ひとりと疎遠になっていく。そんな経験をすることもあるだろう。尊敬する人、親しみを感じていた人、信頼していた人、想いを寄せていた人が疎遠になっていく。どんな状況の変化が、このような人心離反を生じさせてしまうのか。

メールやメッセージへの返答が遅くなり、滞り、やがて途絶える。顔を合わせる機会ができても、声をかけても胸の内を明かすことはない。

誰しも、このような変化は、それと感じるだろう。そして、直視する勇気をもつなら、自らを偽らず流れを食いとめることは不可能に近いと気づく。可能な方法は、自分の存在を抑えて相手に合わせることかもしれないが、それでは人として認め合える関係は築けない。

こうした経験をするとき、わたしたちはいくつもの関係性の終焉をひとまとめに受けとめている。

　それでも、関係性の終焉と変容を自覚していないことが多い。一つひとつの関係性が、いぜん続いていると信じたいからだ。家族の信頼、友人関係、想いを寄せている人との気持ちの通い合いが終わり、もう、わたしのこころ、行いは求められていない。なぜなら、相手にとって、わたしの存在が、あの、逆鱗にふれた弥子瑕《びしか》のように、もう好ましくなく、どこかうとましいものになってしまったためだ。

　時空とは、ある存在が、他の存在と関わることから生じる関係性の軌跡である。他との関わりがなければ、軌跡はない。

　わたしたちは、それぞれの位相で時空を描いている存在であって、ただ一つの時空に、居候《いそうろう》を許され、やがては退場を余儀なくされる、受動的な存在ではない。

　一人ひとりによって独自の時空が生じており、ある人が離れれば、その人の時空そのものが離れ、わたしにとってはその人との間で生じていた時空はなくなるのだ。

自身が存在しない時空を想い、学ぶ、わたしたちの能力

　一つに思えている統一時空も、人の文明がつくり続けることで維持されている。

　人が後退すれば、前章の第九章で案じたように、人工知能（ＡＩ）がＡＩ時空を創出し、様々な存在を、人の同意なしに同期させ、制御するようになるかもしれない。それは、本来、つく

られたものであったＡＩが、人との関係性から離脱し、自らにとっての時空を展開するようになるということだ。

人の存在をアルゴリズムとデータの流れとしてみなす立場なら、それらのデータをＡＩアンドロイドに移行すれば、人の存在は残るばかりか、アップデートを続けると説諭するだろう。そこでは、人とつくられたものとの区別は融解していく。だが、前章でふれたように、人の存在がそのようなもので、ＡＩアンドロイドに移行できるという疑問の余地なき証明はない。そうみなす立場では、そう仮定し、ＡＩ・ロボット・生命の工学が、人の存在の局所的側面に限定して展開できる、ということにすぎない。

第一章で考察したように、人は、自身が関係せず、存在しない時空を想い浮かべる能力をもっている。この想像力で、ヒト族の数百万年、生きものの三十八億年、宇宙の百三十八億年の歴史をイメージしてみることができる。人は、存在の関係性を探求することで知見を残し、伝え、よりたしからしいものへと刷新し続けてきた。一人ひとりは、その知識の集積を学ぶことによって、新たに独自の関係性を結ぼうとする。

この学びから、自らが直接関わりえない、膨大な存在と存在の関係性を知らされ、孤独を深めることもある。まるで自分の存在しない時空を旅できるかのように、自分がいない部屋を覗《のぞ》くかのように、興味をかきたてられるままに、その光景を前にし、自らのリズムと運動によっては、何の変化ももたらすことができないと気づく。それでも、知識は頭に残されていく。

人は、自分が関与しえない知識をインプットし続け、そのことによって、世界と関わっているという実感をえようとさえする。なぜなら、関係性の知識をうることによって、世界の、様々なレベルの存在と、学びを通じた関係性をつくることができるからだ。

しかし、自身の学びをやめなければならないとき、存在の関係性として覗き込んでいた事象の総体が、にわかに、よそよそしいものに感じられてくる。自分が関係しない、存在しない世界と時空を学び、想い描くことで、じつは、それらと間接的にでも関係しようとし、その学びも、独自の関係性、軌跡を生成していたのだから。

人、生きもの、自然（宇宙）の歴史を想い描くとき、自分は、そこにいないにもかかわらず、どこか、すぐとなりの部屋から、目の前に展開される事態をながめているような気持ちになる。そして、スマートフォン、タブレット、パソコン、テレビの視聴が終わり、集中していた画面から目を離すときのように、その歴史から離れる。

この結末は、むしろ当然だ。もともと、自身の直接関係しない世界、時空を思い浮かべようとする、わたしたちの習性、能力によっている知識、光景であるからだ。

関係性の拡張と離反

知識的な学びに対し、音楽、アート、舞踊、運動などの経験は、その都度、自分の時空の軌跡を生成している。わたしたち自身が目の前のリアルな存在に、五感を生かして関わるからこそ、これほどにひかれるのだろう。

人は、関係性を拡張したい、という深い欲求をもっているようだ。学び、音楽を聴き、アートにふれ、踊り、運動する。そのいずれもが、他の存在と関係性をつくり、自分の軌跡を求め、豊かにしようとする、生きている証《あかし》である。

しかし、自分の存在が他者に好ましくない気持ちを生じさせてしまうとき、その理由をすべて見通すことはできない。ある程度感じ取ることができても、それをすべて意識し、言葉にし、相手に伝えたとして、状況が良い方に向かわないこともあるだろう。

わたしたち人は、理由が完全には定かでない、意識しえない状況下での、関係性の構築と離反をくりかえしている。人同士が離れていくとき、それは特有の時間、空間の関係性がゆらぎ、薄れ、遠ざかっていくことを示している。広大な宇宙のなかで互いに遠ざかる銀河群を観測しても、その運動をどうしようもないように、些細な思い込みによって、人として互いを尊びうる方途を見出せないまま、家族、友情、恋愛が、人間的な信頼が遠ざかってしまう。

こうして、出会いの後に別れがやってくる。出会いと別れを幾度もくりかえす。

それでも、わたしたち一人ひとりは、独自の時空の軌跡を生成し続けている。自分が生命体として亡くなった後の時空をも考えるなら、それは自らが直接には関係しない時空に想いをはせる、人のもつ特別な習性ゆえである。

二　時空と祈り

生きているという判断

わたしたちは、また、判断によって、生きものを生きものとして見出し続けている。五つの存在を観念し、生命の時空を再発見する上で、欠かせない判断だ。

人がある存在を、生きている、と認めるとき、その判断にはどのような特徴があるのだろう。わたしたちは、生きている、と認めることで、多くの存在と関わっている。そのとき、DNAやRNA、また、必要な物質やエネルギーを取り込み、不必要なものを出す代謝《メタボリズム》の存否、自己増殖の可否を、現代の生物学者のように問うているわけではない。

わたしたちが生命性を感じるのは、その存在が、独自のリズム、動きを現す様を目撃するときではないだろうか。あの特有のリズム、動きで、存在し続けることへの意思のようなものを感じさせ、自ら独自の時間、空間の軌跡を描く存在から、生きている、と感じるのではないか。

そのような片鱗を目にするとき、それが、生物学者の定義する生命でなくとも、まるで生きているようだと感じることがある。星の瞬きや月の満ち欠け、雲の動きに、それらが生きもののように感じられる。目の前を激しく、また、おだやかに流れる川を生きているように思う。

なおさら、植物は、動物のような心臓の拍動、自由な動きはないけれども、昼夜や季節による盛衰のリズム、芽を出し、茎と葉を伸ばし、花を咲かせ、実をつける様子から、生きていると感じることができる。

独自のゆらぐリズム、動きを汲み取れないとき、生命性を感じることができない。電子顕微鏡を用い、原子の波長や光の移動を観察するとき、そこにゆらぐリズム、独自な動き、存在しようとする意思のようなものを感じることはあるだろうか。

ゆらぐリズムと独自の動きによって、存在しようとする意思を現す様をそれと感じられるか否かで、一人ひとりの、生きているとみるか否かの判断が異なってくる。

主観的には、関心の度合いに個人差があり、ある年齢性別、特徴を有する人物が視界に入ってこない、ある種の動植物に関心を寄せない場合もあるだろう。同じ花を見ても、自分の状態によって生命力を感じるときと、さほど感じないときがある。

人による時空の生成がやむとき

第一章で、わたしたち一人ひとりの能力、判断、行為によって、何を五つの存在として見出すかが異なり、その関わりも常に変化するとして、第二章で考えを深めた。人は意識するにせよ、しないにせよ、自らが関わることで、独自の関係性を時空として、その都度、生きている。逆にいえば、常に生成する、多様で複雑な関係性の軌跡を自分なりに整えるなかで、五つの存在への理解が形成されてくる。

きわめて多様で複雑な時空を生成しつつ生きながら、他方で、まるで一つのような時空を念頭に置いて、自らを位置づけてみようともする。

しかし、やがて、自ら時空を生成しなくなる。ただ一つの時空から去るのでなく、わたしたちの方が、世界、他なる存在と、関わることをしなくなるのだ。

このことは、たしかに寂しさや恐ろしさを感じさせる。

ひとりの人が、一個の生きものが、その生命を終えるとき、それは、固有の時空を生成する主体が失われるということだ。大事な人を亡くしたとき、また、自分が命を失うことを思っても、言いようのない孤独を感じることがある。大切な存在の命を亡くすことも、自らの命を失うことも、最終的に避けることはできない。

でも、その喪失は、一つの均質な時空のなかで生じるのではない。多様な時空の生成と消滅のなかで、生じているものだ。

かけがえのなさは、一つの命が失われるときだけに当てはまるものではない。あらゆる固有の瞬間において、その関係性において当てはまる。

互いのもとを去るとき、これまで主な位置を占めていた関係性が失われるとき、それは大切に維持され、その都度、生成されてきた特別な時空が、もはや生成されなくなることを意味する。

人以外の存在との関わり

だが、わたしたちは、人とだけ関わっているのではない。とくに、これまで親しくしていた幾人かと疎遠になっていくのを感じるとき、自然、生きもの、つくられたもの、人知を超えるもののいずれかが、これまで以上に強い関心を呼び起こし、なぐさめを与えてくれることがある。

友情を温めなくても、恋に胸を熱くしなくとも、家族以外の人と深い関わりをもつ以前に、幼い頃の「わたし」は、息を大きく吸い込むこと、吸い込まれそうな青空を見上げること、突如現れた月に驚くこと、自ら走り出して、心地よいそよ風やあたりをつつむ緑に親しむこと、小石を集めてにぎりしめ、手のひらを開いてそれらが落ちる不思議や潔さをたしかめること、これら自然とのふれあいに、温かい、熱い思いを、抱くことができていたかもしれない。

それらの折々の時空は、わたしたちに独特な時間、空間の軌跡として経験され、記憶として残り、ふとした瞬間、よみがえってくることがある。成長し、友情や恋を失ったときも、幼少期のこの記憶は、ふいによみがえっては、わたしたちの孤独をなぐさめてくれる。

これからも人は、様々な事情でわたしのもとを去っていくだろう。そして、わたし自身、去らなければならないときが、やってくる。

わたしが生き、固有のリズムと動き、他の存在との関係性をもって、独自の時空の軌跡を生成し続けたことを、何かにとどめ、誰か他の人びとが認め、記憶し、想起してくれなければ、わたしの存在は意味をもたなくなるのか。それがすべてだろうか。

人以外との関わりも、大切ではないか。では、自然、生きもの、つくられたものは、どのようにわたしたちの存在を認め、記憶し、想起するだろう。

砂浜に書いた文字は、すぐに消えてしまう。それを読み取れるのは、やはり人だ。親しく接してくれる生きもの、家族のような伴侶動物も、多くは先に命を終える。スマートフォンのような人工物に文字、声、写真や動画を記録しても、認めてくれるのは、やはり、人である。自然、生きもの、つくられたものは、わたしたちを、人のようには認め、記憶し、想起することはない。それでも、わたしたちのこころを、人とは別な関係性で満たしてくれる。

そして、とても興味深いことに、人の文化伝統は、人知を超えるものについても、人の孤独を認め、記憶し、想起するだけでなく、なぐさめ、救いをもたらしてくれる存在として、想いを寄せ続けてきた。そうした存在を、科学的アプローチによって証明することはできない。しかし、このような存在にも、こだわってきたのだ。

祈りの関係性

人のこころと存在が遠く離れてゆきつつあるときに、何ができるだろうか。

わたしたちにできるのは、祈ることかもしれない。その人のために祈る行為は、その人の生きる時空と自らが生きる時空が交わらない状況で、良きよう想いをはせることだ。

人は、人としての知性、感性、意思などが及ばない、人知を超えるものの領域を想い、それを前提とするような、こころの働きをも有している。それを、良きもの、救いをもたらしてくれる倫理的領域として想うとき、ポジティブな次元が、わたしたちの関心を呼び覚ますかもしれない。

大事なことは、人知を超えるものの領域は、いかなる世俗的、宗教的な人、組織の恣意によっても占有、操作されうるものではない、ということだ。

それを非倫理的領域、悪しきもの、滅びをもたらすものとして想う場合もあるだろう。だが、幸いにもポジティブに想いうるとき、人知を超えるものの存在が、人の能力ではとらえることができないにもかかわらず、重要と思われてくる。

人は、この領域との関わりを他の人に伝えたいと、こころが動き、話し言葉、文字、音や色などの芸術的表現で痕跡を遺《のこ》し、新たな文化が生まれてくる。

たとえ、互いが離れゆく銀河のようだとしても、人知を超えるものからの良きはたらきを祈ることは、その効果を立証できないとしても、無駄だと反証もできない。祈りは科学的アプローチによる仮説でないのだから。

わたしたちは、自分を含む多数の人に呼びかけてくる声や言葉よりも、自然や人知を超えるものに向けて発せられた表現になぐさめられ、勇気を与えられることがある。

長谷川等伯《とうはく》やゴッホの絵は、わたしたちに向けて描かれたものではない。土門拳やセバスチャン・サルガドの写真は、わたしたちを撮影したものではない。それなのに、それらの絵や写真から、こころの渇望が満たされることがある。多くの芸術作品は、個々人に向けられたものではない。それでも、ときには、まるで自分自身に向けて表現されているように感じられることすらある。

それはなぜだろう。

おそらく、理由の一端は、それらの表現者が、その人自身として、人知を超えるものの領域にこころを開きながら世界に向き合い、表現しているためではないだろうか。それは、また、祈りともいえよう。

ひとりの人として、世界と関係を結ぼうとした痕跡に、わたしたちは、自分も、ひとりの存在として、世界と関係を結ぶことへの励ましを感じとるのではないか。

人は、世界と関係を結ぶことへの励ましを、うながしを求めている。それらは、直接自分に向けられた言葉、行為、関係性からばかりえられるものではない。

三　わたしであること、新たな関係性の驚き

近代の生命観に限定されないわたし

生物個体としての死と、生なる死とは、どう異なっていたのだろう。第九章で考察した内容の、その先へ進んでみよう。

まず、死にいたる生というとらえ方がある。それは、生きていても、生命体としての死、すなわち生物学的な死がいずれやってくる、生には死が予定されている、ということを意味する。この世界観では、親や先祖が存在したとしても、誕生の前は、個体として、個人としてのわたしはいない。そして、亡くなったなら、そのときから死が覆う。つまり、無や死が生の前後を取り囲んでいる。これに、自らが存在しない時空を想像する人の習性が拍車をかける。均質な時空の世界が自分の存在なしにどこまでも広がっており、宇宙は無から生まれたのか、その無とは何か、その先はどうなるのか、というような、最先端物理学の議論までが社会の関心を集める。

統一時空の世界観は、常に自身の外から、他の存在との関係性をとらえている。生まれる前や死んだ後だけでなく、生きている間にも、世界とわたしたちとの根本的なつながりは前提と

なっていない。なぜなら、自身を、自分と関係なく展開している時空に居候している存在であるかのように、時空がわたしたちと関わりなく流れ、広がっているかのように、みなしているからだ。

人には、視点を、あたかも自分がいないところに置いて、そこからながめるような――ながめているのは自分であるのに――、こころの能力がそなわっている。まるで、世界のどこにでも監視カメラを設置でき、自らや誰かがながめ、ＡＩで自動化し、得られる結果を確認できるかのように。自分が不在の範囲の視界を、想像と知力とテクノロジーの助けを借りて、どこまでも広げていこうとする。やがて、その視界が、自らの存在なしに成り立つであろうことに思い及び、慄然とするときがくるだろう。

これに対し、生なる死は、死がゴールでない世界観を開く。わたしたちは生きている間にも、生命体としての死でないかたちで、じつは「死」を幾度も経験している、ととらえる。わたしから始まる関係性を大事にして、世界をとらえる。その関係性が根本的に変容すれば、生命体として存在しながらも、世界が変容する。

では、わたしたち自身が生命体として自覚する前、そしてその自覚を失い、生命体としての存在を失った後のことは、どう考えればよいのだろう。

自分がいないことの恐怖や孤独を、自分が感じているならば、それは自分がいない状態ではない。そして、生命体としての存在をうる前、失った後でも、何らかのかたちでわたしが存在すると仮定しないでは、それらの前や後のただ中で考えているわたしも想定できない。

もし、生命体としての存在を失った後の自分を仮定するなら、その自分がいかに「感じ」「考える」かは、生命体として生きている状態の自分にとっては、本当にはわからない。

生命体としてのわたしが亡くなれば、わたしのすべてが失われると考えるのか、それとも、何か異なるかたちのわたしが残り、さらに、生命体としてのわたしの登場以前から、それは存在していたと仮定するのか。それならば、生命体としてのわたしに限定されないわたしが、以前と以後に存在している、という世界観が浮上してくる。

こうした仮定は、信念の領域に足を踏み入れることだ。もっとも、今日の科学の水準では、生命体としてのわたしが亡くなるとともにわたしのすべてが失われる、とも立証できていないのだから、こうしたわたしが存在しないと主張しても、それもやはり信念の領域を招き入れていることになるのだ。

動く関係性としてのわたし

とりあえず持続しているかに思えるこのわたしとは何だろう。わたしがわたしに問う。すると、不断に他なる何かと関わっている関係性の束が、わたしをつくっていると感じるかもしれない。それが動く関係性だ。動く関係性としてのわたしは不思議な現象だ。

それは点のようなものではない。生命体としてだけみても驚くべき統合で、数十兆個の細胞、細胞の数倍の常在細菌、さらに常在細菌の十倍の常在ウイルスの集まりでもあり、水や生命維持に必要な物質が行き来している。このまとまりを一個の塊としてのみとらえ、さらにそれを凝縮して点のようにみなすことは、どうしてもナンセンスに思える。

自由と平和を追い求めた稀有な数学者アレクサンドル・グロタンディークとともに、点を成すには、まず向きをもった動きが必要であると考えることができる。点ではないものが動いている。そうして点が現れる。最初から点があるわけではない。

わたし、人、生きものは点ではなく、生きものの世界、人の社会は点の集合ではない。そもそもこの世界は点の集合としてできていない。動く関係性が何かを生じさせ、展開していくものである。

空間の新しい概念（一種の「一般化された空間」のようだが、「空間」を形成するはずの点は多かれ少なかれ消滅している）は、アインシュタインによってもたらされた概念（数学者にとってはまったく混乱のないもの）とはまったく似ていません。

（Alexandre GROTHENDIECK, *RECOLTES ET SEMAILLES: Réflexions et témoignage sur un passé de mathématicien*, 1986, p.68（アレクサンドル・グロタンディーク『収穫と種蒔き――数学者の過去についての回想と証言』）日本語訳筆者）

時空自体がそれにつれて自己想像しているものとしてみるようなモデルを構想する余地がありそうです。

（アレクサンドル・グロタンディーク『数学者の孤独な冒険――数学と自己発見への旅』（新装版）、二〇一五年（原著一九八六年）、一九八六年、九〇頁）

波とも粒子ともみなせるが同定してとらえられない素粒子だけでなく、様々なレベルで、点・集合・構造のモデルでは本質をとらええきれない現象が多様に展開している。体内にいるウイルスさえ、点の集合でできている存在とはみなせないだろう。

わたしという現象の不思議さは、多くの哲学者、思想家、科学者、芸術家、詩人によって語られてきた。そのわたしが起因となって他の存在と関わり、様々な関係性が生じてくる。不思議さの上に多様性がふくらんでいく。

わたしに人という観念を結びつけ、人であるわたしが他なる存在と関係を結んでいくとき、そこに現れる多様な何かを、自然、生きもの、人、つくられたもの、人知を超えるものの五つの存在の観念でとらえ、複雑な関係性を少しでも整理し理解しようとする。

そして、自分についても五つの存在についても、常にわたしの意識や理解はゆらいでいる。そのゆらぎのなかで、すべての関係性が生まれ、結んでは解《ほど》けている。明滅している。

人知を超えるもの

生物個体としての死は、生きている以上、直接経験しえない。わたしの生まれる前と死んだ後の持続も、認否しえない。そして、わたしは生きているうちに、未だ経験しえないものに怖れを覚え、確認しえないものに一喜一憂する。

ところが、生なる死は、生きながらにして不思議なわたしが直接経験しうる。わたしたちは、直に経験しうるものに、ふさわしい畏怖の念をもちえぬほど鈍感で、確認しうるものに無反応になっているのかもしれない。

経験しうるものに畏怖の念をもち、確認しうるものにもっと反応してよいのではないか。すると、真の深淵は、生前と死後のみならず、今まさに、目の前に広がっていることに気づくだろう。

なぜなら、わたしたちは、ただ一つの均質な時空のなかにだけ存在しているのではない。統一時空は、人による便宜的な描画にすぎない。リアリティは、多様な事物が多様に存在し、わたしたちは、それらの間を、言葉や自然法則を表す数式などで、なんとか架橋しようとし続けてきたにすぎない。そして、それぞれの存在の、まさにその場から、生きものとして自らのゆらぐリズムや動きから出発するなら、自然法則の枠内においてさえ、予測できない多様性と複雑さが生じてくるのだから。

統一時空が人の文明による仮設であるという事実は、わたしたち自身こそ、それぞれに固有のリアリティであることを照らし出している。それをたしかめるために他なる存在と関わろうとすれば、自らが直接経験しうる関係性が生じてくる。

そして、存在と存在の関係性の裂け目に口を開けている広大な深淵を満たす存在を想定するなら、それが、人知を超えるもの、ということにならないだろうか。だからこそ、人知を超えるものの領域は、生きている人と、未だ生まれていない人、亡くなった人を、架橋しうる領域ではないかと思えてくる。

人が、生きながらにして、生まれる前、死んだ後と関われる手がかりを求めるなら、それは、この領域に向き合うことによってではないだろうか。それにはまず、統一時空から自由になれるこころをもたなければならない。

いつでもデジタル機器で、世界の人と交流しようと思えばできるようになってきた。メッセージのやりとり、映像で、リアルタイムで顔を見て会話ができる。しかし、これらのテクノロジーは、使い方をまちがえば様々な錯覚、悲哀も生じさせてしまうことがある。

わたしたちは、デジタルの関係性だけで生きているのではない。多様で複雑な、他なる存在との独自の関係性をもって生きている。

それぞれに独自の時空を生きている一人ひとりが、デジタル技術が可能にする統一時空のプラットフォームで関わるとき、各人の固有の関係性は単純化、抽象化されてしまう。あれほど軽やかに、スムーズに交流できた相手が、自分とは異なった現実を生きており、それゆえに相手に生じる変化を把握しづらく、自分に生じる変化も伝えづらいことを後から痛感させられる。

いくつもの関係性を恣意的に使い分けていくとき、家族、友人、恋人、恩師、仕事上関わった人、すべてに矛盾なく、誠実に接することが難しくなることがある。こうして、意図せずして不和、裏切り、不実、忘恩、不信が生じてしまう。

だからこそ、容易に理解、交流し合えると信じる楽観的な見通しでは不十分だ。わたしたちには、深淵を認めるこころの感度がこれまで以上に必要になってきている。

統一時空から離れるとき、深淵に、人知を超えるものの領域に、より多く意識を向けることになるかもしれない。少なくない先人たちがこの領域にこだわりをもち、文化を積み重ねてきたのだ。

新たな関係性の驚き

安易に理解し合え、交流できているつもりになるより、手強い深淵を前にしながらも、思いがけない、新たな関係性が生じてくることを希求する気持ちでいればどうだろう。途絶えた固有の関係性の束と束が、互いを人として尊重し合いながら、いつか新たな邂逅の場を見つけられるよう、祈る気持でいればどうだろう。それは、こころが通じる、という幸運以上の新たな関係性のきっかけになるのではないか。

こころが通じるように思えることより、さらに大切なことがあるのではないか。互いに都合の良いところだけを見せ、そこだけで関わるかわりに、相手の存在をトータルなものと考え、大切に接するために、人知を超えるものの領域が力を貸してくれることがないだろうか。

自身の経験してきたすべての出会い、関係性のなかに、驚くべきもの、素晴らしいものが一つもなかったと、言い切ることができる人も少ないのではないか。

その関係性は、わたしたちと五つの存在から生じてくる。自然、生きもの、人、つくられたもの、人知を超えるものからのはたらきかけは、予測しえない何かを含んでいる。わたしたち自身がそれにどのように反応するかにも、予測不可能性が伴う。

こうした、ゆらぐ存在や関係性を、データ化してデジタルの世界で把握し、ＡＩの力で、どれほど近似的に解析できるだろう。デジタルテクノロジーの発展が、凄まじければ凄まじいほど、リアルな関係の多様性、複雑さを、なおさらわたしたちは思い知るようになっていくのではないか。予測できる事柄と予測しえない事柄の関係性や調和を研究、実践することが、ますます求められてくるのではないか。

死にいたる生に、生なる死を対置し、深淵を満たす人知を超えるものに向き合おうとするとき、わたしという存在の不思議、五つの存在の、本来的多様性への洞察が開かれてくる。

この洞察から、励ましが、良き何かが、統一時空はもちろん、あらゆる時空を超えて驚くべき仕方で伝わり、良き出来事、新たなる時空が生まれてくると期待できるのではないか。

生きものは独自のゆらぐリズム、動きをもって活動することを欲し、自らの痕跡を他なる存在に伝えようとする。

生のリズム、動きは空気、水、食物、仲間等との関わりから生じてくる。他なる存在との関わりがあってこそ、生きものだ。

生きものも、人も、めくるめく多様性、複雑さのなかで、良き関係性を求め続けている。そして、良き関係性は、アルゴリズムのように計算可能な過程《プロセス》としてのみでは与えられない。それは、計算可能なことと計算できないこととの絶妙な融合であるだろう。

それゆえにこそ、わたしたちは何かを渇望し求めている。広い、愛のようなものを求め続けている。恐ろしい破壊的衝動も、和やかにみえる思いやりも、それだけで満たされはしない。それほどわかりやすくは、この世界はできていないのだ。

結序章

人知を超えるものの生なる死

The Living Death of
That Which Transcends Human Abilities

そよ風のように透明で、自由で、誰にも吹いてきて、また誰かのために去ってゆく。

人知を超えるものは、人の能力を超えている存在だ。わたしたちに良きものをもたらすか否かは、あらかじめわからず、事後的にそれと受けとめる。それでも、人の文化伝統の多くは、この存在を念頭に置き、それに由来する力がはたらいていると説いてきた。

自然のそよ風は肌で感じ、物理特性を方程式に表すことすらできる。しかし、同時進行の科学的アプローチによってはとらえられない、この非アルゴリズムのはたらきを、ありふれたそよ風のメタファーで考えてみよう。

このはたらきは、統一時空に同期させ、制御することはできないけれども、それにこころを開いておくことならできるかもしれない。人知でとらえられないだけで、いつも「吹いている」なら。

この、人知を超えるものの良きはたらきを、そよ風のコモンズ、と呼んでみよう。コモンズとは、みんなのためのみんなのもの、という意味だ。ここで、みんな、とは、人に限定せず、五つの存在、自然、生きもの、人、つくられたもの、人知を超えるもののすべてを示すとしよう。

この力が吹いてくるときには、わたしたちはその他大勢でなくなる。このとき、この場、この時空に、はたらきかけてくる。

人にとらわれず、深淵においてもはたらく。もし、このような力とのふれあいが成立するなら、より大きな友情や愛情の源となるはずだ。それは密室に閉じ込められるものではない。その場のなぐさみでなく、開かれた永続的な何かをもたらそうとする。徹底的な孤独にすら、はたらきかけるだろう。

この「風」は計算できない。しかし、こころでならとらえられると、人の文化伝統は考えてきた。それはどこまでも貫徹し、矛盾をゆるし、受けとめ、なぐさめる。

人という存在は、ときに多くを秘密にし、決めたいところだけで決め、建前できれいごとを語り、多くを蹂躙《じゅうりん》してしまう。矛盾は矛盾をふくらませる。第五章で見た致命的思念のように、無自覚に人自身に対して死ねと思え、スケープゴートにすらしてしまう。恐ろしい深淵が関係性の裂け目に口を開いている。権力闘争、犠牲が生じてくる。

人は生なる死という関係性の根本的変容をいやがり、生物学的な死の方を選ぼうとさえする。人は冷酷になり、愛情ももつ。そのすべてを見越して、この力は準備を始めるだろう。人の予測や憶測を超えて、配慮がはたらいていくだろう。

人知を超えるものなら、自らが、人によって拒まれていること、同時に、人から狭隘《きょうあい》な願望を投影され、誤解されていることを前もって知っているだろう。社会の矛盾を洞察するだろう。

人が変わり難いことを知って、その矛盾を身に受け、代わりに自己の経験として受けとめて消滅させようとするだろう。人は理解できず、そのままでいつづけるが、人知を超えるもののはたらきによって関係性の根本的変容が起き、矛盾が無効化される契機が生じてくる。もし、こんな力があるとしたら、これまで用いてきた言葉で、どう表してみることができるだろう。たとえば、次のように。

人知を超えるものの生なる死

生なる死は、自らの生物学的な死によらない自らの関係性の根本的変容だ。それがここでは、人知を超えるもの自らの関係性が根本的に変容する。それは生物学的な死によるかよらないか、という問いすら超えている。

一緒に笑い、つらさを受けとめ、自分でも気づいていないのに、ともにこころを痛めてくれる、そういう人がいたとしたら。幸運にも、優しい家族、人生の先輩がいて、気にかけてくれる。そんな大切な人をもてることは、多くない。

けれども、そよ風のコモンズがはたらくなら、気にかけ、胸を痛めてくれるはずだ。自分でも気づかないうちに、死にたくなるほどの人生の矛盾に直面していたかもしれない。そんなとき、この力が、わたしとともに死んでくれていたとしたら。

もちろん、生物学的にわたしは死んではいない。それでも、人知を超えるものの生なる死がはたらき、無自覚なわたしのために、生なる死をともにしてくれていたのだとしたら。

やがて、わたしは発見するかもしれない。自分にとって最大のことは、すでに自分が死んでいたということだ、と。

そして、人知を超えるものが真に人知を超えるものなら、死んで終わりではなく、よみがえらざるをえない。だから、ともに死に、この力に結びついたわたしも、ともによみがえっていたのだ、と。

その力は、すべてを見通して、わたしを招き、わたしとともに死に、わたしをともによみがえらせてくれた。

だからこそ、わたしは自分以外の人の矛盾も、深いところでは許すことのできるこころを求めなければならない。なぜなら、わたし自身も無自覚に矛盾をかかえ、それを隠してしまうこともあるという意味では同じ人なのだから。人や存在を何らかのかたちで傷つけてきたし、傷つけることがありうるのだから。

人がわたしに沈黙するとき、わたしは、自分が存在として「殺され」ようとしていることを察する。親しくしてくれていた人でさえ、うとましく思い、忘れ去ろうとすることがあるだろう。わたしは自分の直観さえ信じることができない。いつの間にか、自身ではどうすることもできない迷いに巻き込まれてしまっている。

だが、人知を超えるものは自ら死んだ。そうして、わたしを殺したのだ、人に殺される前に。人知を超えるものにこころを開いておくことは、生物学的な死になびくことではない。人知を超えるものの生なる死こそ、生物学的な死によらない関係性の根本的変容を、もっとも深いところで支え続けていると思われるからだ。

五つの存在の前に謙虚になり、自他を痛める矛盾を自覚し、失敗の経験を認め合うなかで、生なる死の可能性に気づくときに、わたしたちはコモンズのそよ風が吹いていく未来へと、ともに歩んでいけるようになるだろう。

おわりのおわり

生はどのように終わるのだろうか。死ぬ瞬間になれば、こう終わる、とわかるのだろうか。

もし、わからないなら、その終わりを終わらせよう。

知っているつもりになるのを、終わらせよう。

そして、知らないことを、はじまりをはじめよう。

死ぬときまでも、わたしたちは、はじまりのはじまりであるだろう。そして、その先は、はっきりとはわからないのだ。

わたしたちは、みんなで用いる時空を受け入れながら、わたしの時空を生きている。そこから、他に代えがきかない関係性が生まれ続けている。だからこそ、わたしたちは尊い、尊厳を有しているともいえるのではないだろうか。

わたしという現象が、関係性の束だとしても、動く関係性として、不思議なことに、また新たな関係性を紡ぎ出している。どんな天与の巧緻である自然計算、人工計算《コンピューティング》と、計算さえ及ばない何かが、わたしたちを支え続けていることだろう。

統一時空は便利だが、この動く関係性の関係性を、影のような位相へと焼き増ししてしまう。みんなでそれに合わせれば、あらゆるものがコントロールでき、文明が進んでいくようにみえるけれども、度を越せば、がんじがらめになり、自然、生きもの、人を取り返しのつかないほど傷つけ、また、人知を超えるものを冒瀆することになってしまうかもしれない。みんなで時空を合わせていることすら、忘却してしまうだろう。

だからこそ、存在と時空の根源的多様性を拠りどころにしたい。わたしたちの存在が根源的に多様であることは、わたし、という動く関係性の関係性が多様であること、その芯が時空としてそれぞれに多様であることだ。

同じ寿命だったとしても、それぞれが生きる人生は違う。それぞれの時空が本質的にユニークだからだ。

一人ひとり、話し方が違う。同じ言語を話していても、ニュアンスやイントネーションが異なっている。それをその人の言語だと考えれば、人は、人口の数だけ、言語をもっているということになる。しかし、多様なのは、言語や顔、指紋だけではない。一人ひとり、固有の時空を導き出しつつ、生きる多様な存在なのだ。生きものは何かに関係しなければ生きていない。そして、時間も空間も、何かに関係することによって、初めてとらえることが可能になる。

時空の多様性は、わたしたちの尊厳に直結している。

人は自分固有の時空を生きていると主張する権利がある。しかし、その一部を、自ら託し、コモンズとして、共有可能な時空をつくり出す。社会契約の根底に時空契約を行うのだ。だから、この時空が、全体主義や非人道的なことに用いられるなら、それを拒否する権利があるはずだ。

こう考え方の組み替えを行うのが、良き世界を希って、思索を続けてきた先人たちの伝統に連なることであり、時代とともにありながら次の時代をつくる思想の力ではないだろうか。思想の新たな展開の息吹に出会うとき、わたしたちはすでにその空気を吸っており、ひとりの思想家の思索ではなくなっている。ひとり、また、ひとり、ふさわしい言葉と道理を求めていく。

スマートフォンやＡＩを用いて、人の時間、空間はいくらでも監視、制御可能になってきている。それを容易にするのが、時空はただ一つしかない、という思い込みだ。そうこうするうちに、本当の時空はこれだ、と主張する複数の大国が、最先端技術で先行する企業と結束して、わたしたちが望まない監視統制社会へと誘導し始めるかもしれない。時空を意のままに操れる立場が、もっとも魔術のように利益をつくり出すことができる。そのために、発明家たちの創意の結集である、新型の超高性能原子時計、人工衛星が常に求められ続ける。

しかし、時間、空間の支配を特定の権力主体がもっていて当然とするのは、古びた考えだ。

わたしたちは、デジタル機器を同期せず、月や太陽をながめ、呼吸をして、いつでも、自らの生命の時空、多様な文化の時空を感じることができる。そして、自分や大切な人びとの幸せや、より良い社会を願って、自らの時空の一部を分け、共有可能な時間、空間の運営に協力できる。

この、時空自由、時空民主主義、コモンズとしての時空の思想は、今後、ますます重要になってくるだろう。

わたしたちは多様時空を生きている。同時に、みんなの時空も、時空の自由の下に民主的に運営していく世界を求めている。そして、もっとも謎である、あらゆる存在と時空、わたしたちもその一部である何かに、知性と人知を超えるものへの敬意をもって、こころを開き続けていいたい。

わたしたちが自然のそよ風を吸って、動くとき、今まさに時空が生まれている。いかに複雑でとらえどころがないように思われても、固有の関係性から時空は、生じ続けている。

わたしたちは、自分が思っている以上に、不思議で、尊い存在ではないだろうか。

だからこそ、存在と時空の根源的多様性にこころを開くことができる。

やわらかく、常に変化し、わたしたちが自由に参加できる、みんなのものに協力する。

独占的な一《いち》にこころ奪われない覚悟をもって、自らの多様性を受け入れつつ、はじまりのはじまりのなかで、これからの未来へと準備していけるのだ。

参考文献（丸括弧内は原著出版年）

第一章　存在と時空　第二章　生命と文化の時空

◆ミヒャエル・エンデ『モモ　時間どろぼうと　ぬすまれた時間を人間にとりかえしてくれた女の子のふしぎな物語』大島かおり訳、岩波書店、一九七六（一九七三）年
◆宮本常一『民間暦』講談社学術文庫、一九八五年
◆マルティン・ハイデッガー『存在と時間』（上）（下）細谷貞雄訳、ちくま学芸文庫、一九九四（一九二七）年
◆夏目漱石「文学の哲学的基礎」『漱石全集』第十六巻、岩波書店、一九九五（一九〇七）年
◆山田安彦編『方位読み解き事典』柏書房、二〇〇一年
◆道元「有時」『正法眼蔵』増谷文雄訳注、講談社学術文庫、二〇〇四年
◆ヤーコプ・フォン・ユクスキュル、ゲオルク・クリサート『生物から見た世界』日高敏隆・羽田節子訳、岩波文庫、二〇〇五（一九三四）年
◆石田直理雄、本間研一編『時間生物学事典』朝倉書店、二〇〇八年
◆チャールズ・ダーウィン『種の起源』〈上〉〈下〉渡辺政隆訳、光文社古典新訳文庫、二〇〇九（一八五九）年
◆アルベルト・アインシュタイン「運動している物体の電気力学について」『原論文で学ぶアインシュタインの相対性理論』唐木田健一著、ちくま学芸文庫、二〇一二（一九〇五）年

◆川口孫治郎『自然暦』八坂書房、二〇一三（一九四三）年
◆香取秀俊「新しい時間をつくる」『精密工学会誌』八〇巻一号、二〇一四年、一三―一七頁
◆M・B・モーザー&E・I・モーザー「空間認識のカギ握るグリッド細胞」『日経サイエンス』二〇一六年六月号、日経サイエンス社、二〇一六年
◆濱田陽「第一部　生きとし生けるものの時空」『日本十二支考――文化の時空を生きる』中央公論新社、二〇一七年
◆吉川真司、倉本一宏編『日本的時空観の形成』思文閣出版、二〇一七年
◆山崎正和『リズムの哲学ノート』中央公論新社、二〇一八年
◆カルロ・ロヴェッリ『時間は存在しない』冨永星訳、NHK出版、二〇一九（二〇一七）年
◆蜂巣英和他「現示精度に基づいた標準時系の階層」『情報通信研究機構研究報告――時空標準技術特集』六五巻二号、二〇一九年、三―九頁
◆松原健祐他「日本標準時の維持と運用」同、一一―一九頁

〈参考Webページ〉
◆「原子時計（NICT）寄与率――協定世界時（UTC）に対する世界の各機関の時計の寄与率（重み）」情報通信研究機構（NICT）日本標準時グループ　https://jjy.nict.go.jp/mission/csweight.html　最終アクセス二〇二一年三月二〇日

第三章　人影の人工知能

◆ジェイムズ・バラット『人工知能――人類最悪にして最後の発明』水谷淳訳、ダイヤモンド社、二

〇一五（二〇一三）年
◆松尾豊『人工知能は人間を超えるか――ディープラーニングの先にあるもの』角川EPUB選書、二〇一五年
◆カルロ・ロヴェッリ『すごい物理学講義』竹内薫監訳・栗原俊秀訳、河出書房新社、二〇一七（二〇一四）年
◆ニック・ボストロム『スーパーインテリジェンス――超絶AIと人類の命運』倉骨彰訳、日本経済新聞出版社、二〇一七（二〇一四）年
◆山本一成『人工知能はどのようにして「名人」を超えたのか？――最強の将棋AIポナンザの開発者が教える機械学習・深層学習・強化学習の本質』ダイヤモンド社、二〇一七年
◆大槻知史、三宅陽一郎『最強囲碁AI アルファ碁 解体新書 増補改訂版 アルファ碁ゼロ対応――深層学習、モンテカルロ木探索、強化学習から見たその仕組み』翔泳社、二〇一八年

第四章　生きとし生ける米

◆福岡正信『自然農法・わら一本の革命』柏樹社、一九七五年
◆福岡正信『無［Ⅲ］自然農法』春秋社、一九八五年
◆宮本常一『民間暦』講談社学術文庫、一九八五年
◆萩原秀三郎『豊穣の神と家の神』東京美術、一九八八年
◆大貫恵美子『コメの人類学――日本人の自己認識』岩波書店、一九九五年
◆富山和子『お米は生きている』講談社、一九九五年
◆大内力、佐伯尚美編『日本人にとっての米』家の光協会、一九九六年

◆安室知『水田をめぐる民俗学的研究――日本稲作の展開と構造』慶友社、一九九八年
◆佐藤洋一郎『イネが語る日本と中国――交流の大河五〇〇〇年』農文協、二〇〇三年
◆池橋宏『稲作の起源――イネ学から考古学への挑戦』講談社選書、二〇〇五年
◆濱田陽『共存の哲学――複数宗教からの思考形式』弘文堂、二〇〇五年
◆藤田洋三『藁塚放浪記』石風社、二〇〇五年
◆青柳健二『棚田を歩けば』福音館書店、二〇〇七年
◆大豆生田稔『お米と食の近代史』吉川弘文館、二〇〇七年
◆増田昭子『雑穀を旅する――スローフードの原点』吉川弘文館、二〇〇八年
◆須藤功『大絵馬ものがたり1――稲作の四季』農山漁村文化協会、二〇〇九年
◆宮本一夫『農耕の起源を探る――イネの来た道』吉川弘文館、二〇〇九年
◆岩澤信夫『究極の田んぼ――耕さず肥料も農薬も使わない農業』日本経済新聞出版社、二〇一〇年
◆山折哲雄『天皇の宮中祭祀と日本人――大嘗祭から謎解く日本の真相』日本文芸社、二〇一〇年
◆南海空海『神饌――神さまの食事から〝食の原点〟を見つめる』世界文化社、二〇一一年
◆青柳斉編著『中国コメ産業の構造と変化――ジャポニカ米市場の拡大』昭和堂、二〇一二年
◆神門善久『日本農業への正しい絶望法』新潮社、二〇一二年
◆藤原辰史『稲の大東亜共栄圏――帝国日本の〈緑の革命〉』吉川弘文館、二〇一二年
◆鈴木宣弘『食の戦争――米国の罠に落ちる日本』文春新書、二〇一三年
◆古沢広祐「環境共生とグリーン経済の将来動向」『農業と経済』十月号、昭和堂、二〇一四年
◆佐藤洋一郎『米の日本史――稲作伝来、軍事物資から和食文化まで』中公新書、二〇二〇年

〈参考Webページ〉

◆農林水産省「有機農産物の日本農林規格」二〇一七年四月二六日施行
◆農林水産省生産局農業環境対策課「有機農業をめぐる事情」、二〇一九年八月
◆農林水産省「有機加工食品の日本農林規格」二〇二〇年七月一六日施行

第五章　見えざる矛盾、新型ウイルス

◆アルベール・カミュ『ペスト』宮崎嶺雄訳、新潮文庫、一九六九（一九四七）年
◆田崎明子「ユートピアとしての『ペスト』」『日本フランス語フランス文学会中部支部研究論文集』一一巻、三七—四八頁、一九八七年
◆神垣享介「『ペスト』における「共和国の像」の意味」『天理大学学報』五〇巻二号、一〇三—一一四頁、一九九九年
◆内田樹「二十世紀の倫理——ニーチェ、オルテガ、カミュ」『神戸女学院大学論集』四六（一）、六三—九七頁、一九九九年
◆平田重和「A・カミュの小説『ペスト』」『關西大學文學論集』五七巻、一—三二頁、二〇〇七年
◆猪又俊樹「『ペスト』と共同体」『一橋研究』三三（二）、六五—七八頁、二〇〇八年
◆マーティン・J・ブレイザー『失われてゆく、我々の内なる細菌』山本太郎訳、みすず書房、二〇一五（二〇一四）年
◆三野博司「〈特別講演〉アルベール・カミュとともに」『仏文研究』京都大学フランス語学フランス文学研究会、一九三—二〇四頁、二〇一五年
◆奈蔵正之「カミュ「作品系列」構想の起源と変遷」『人文社会科学論叢』第二号、弘前大学人文社会科学部、一—五九頁、二〇一七年

◆佐々木匠「監獄と芸術と不条理――アルベール・カミュにおける語りの場」『日本フランス語フランス文学会関東支部論集』二七巻、三三―四四頁、二〇一八年
◆山内一也『ウイルスの意味論――生命の定義を超えた存在』みすず書房、二〇一八年
◆西郷甲矢人、田口茂『〈現実〉とは何か――数学・哲学から始まる世界像の転換』筑摩書房、二〇一九年
◆下村英視「抽象を生きる人間――アルベール・カミュ『ペスト』から」『沖縄大学人文学部紀要』二二、三七―四九頁、二〇一九年
◆ハンス・ロスリング、オーラ・ロスリング、アンナ・ロスリング・ロンランド『FACTFULNESS（ファクトフルネス）――10の思い込みを乗り越え、データを基に世界を正しく見る習慣』上杉周作・関美和訳、日経BP、二〇一九年
◆黒木登志夫『新型コロナの科学――パンデミック、そして共生の未来へ』中公新書、二〇二〇年
◆福岡伸一「ウイルスは撲滅できない」朝日新聞デジタル、二〇二〇年四月六日、「生命の必然、ロゴスでは抵抗できない」同、二〇二〇年六月十七日
◆養老孟司「コロナの認識論」第一回、第二回『新潮』二〇二〇年七月号、八月号、二〇二〇年
◆島薗進「カミュ『ペスト』――カミュが描く危機的状況の死生と希望」〈コロナ時代を生きるための60冊〉『現代思想』二〇二〇年九月臨時増刊号・総特集、青土社、九七―一〇二頁、二〇二〇年
◆五條堀孝『「新型コロナワクチン」とウイルス変異株』春秋社、二〇二一年
◆D・プライド「あなたのなかにいる380兆個のウイルス」『日経サイエンス』二〇二一年七月号、日経サイエンス社、二〇二一年
◆古田彩「ウイルスの〝化石〟ががんを抑える」『日経サイエンス』伊東純平・佐藤佳協力、二〇二一年七月号、日経サイエンス社、二〇二一年

〈参考Webページ〉

◆ Markus Gabriel “We need a metaphysical pandemic” Mar 26, 2000（「われわれには形而上学的なパンデミックが必要だ」ボン大学ホームページ https://www.uni-bonn.de/news/）

◆ 中条省平「カミュ『ペスト』は教えてくれる。疫病という不条理に反抗する最後の方法を」文藝春秋 digital, 二〇二〇年五月九日

◆ 森本あんり（インタビュー）「「宗教は自分を納得させるための物語」カミュの『ペスト』に見る、宗教と疫病の意外な関係」Voice 編集部、二〇二〇年七月十七日

◆ 佐々木匠、古市憲寿「挫折したけど中身を知りたい『名著』の話」『F/LT BOOK』二〇二〇年六―七月

◆ 岩井建樹「カミュが言いたかったこと　闘うための武器は『誠実さ』」朝日新聞デジタル、二〇二〇年七月十八日

◆「新全体主義に精神のワクチンを　マルクス・ガブリエル氏」朝日新聞デジタル、二〇二〇年九月二日

◆ 'Genomic epidemiology of novel coronavirus - Global subsampling'（「新型コロナウイルスのゲノム疫学――グローバルサブサンプリング」https://nextstrain.org/ncov/gisaid/global）

第六章　自然、生きものの豊饒――龍と龍鱗

◆ 大上宇市「化石の方言」『地学雑誌』七巻一号、一八九五年

◆ 南方熊楠『十二支考1』東洋文庫、一九七二年

◆申在孝『パンソリ――春香歌・沈睛歌他』姜漢永・田中明訳注、東洋文庫、一九八二年
◆伊勢貞丈『貞丈雑記1』島田勇雄校注、東洋文庫、一九八五年
◆寺島良安『和漢三才図会1』島田勇雄・竹島淳夫・樋口元巳訳注、東洋文庫、一九八五年
◆同『和漢三才図会7』島田勇雄・竹島淳夫・樋口元巳訳注、東洋文庫、一九八七年
◆同『和漢三才図会16』島田勇雄・竹島淳夫・樋口元巳訳注、東洋文庫、一九九〇年
◆徐松撰『唐両京城坊攷――長安と洛陽』愛宕元訳注、東洋文庫、一九九四年
◆『韓非子』金谷治訳注、岩波文庫、一九九四年
◆『太平記1』新編・日本古典文学全集54、長谷川端校注・訳、小学館、一九九四年
◆『太平記2』新編・日本古典文学全集55、長谷川端校注・訳、小学館、一九九六年
◆謝肇淛『五雑組5』岩城秀夫訳、東洋文庫、一九九八年
◆文震亨『長物志1――明代文人の生活と意見』荒井健ほか訳注、東洋文庫、一九九九年
◆李樹華「中国松類（*Pinus spp.*）盆栽史考」『ランドスケープ研究』六三巻五号、一九九九年
◆『近松門左衛門集3』新編・日本古典文学全集76、鳥越文蔵・山根為雄・長友千代治・大橋正叔・阪口弘之校注・訳、小学館、二〇〇〇年
◆『日本漢詩集』新編・日本古典文学全集86、菅野禮行・徳田武校注・訳、小学館、二〇〇二年
◆白川静『新訂 字統』平凡社、二〇〇四年
◆李重煥『択里志――近世朝鮮の地理書』平木實訳、東洋文庫、二〇〇六年
◆笠間良彦『図説 龍の歴史大事典』遊子館、二〇〇六年
◆安田喜憲編『龍の文明史』八坂書房、二〇〇六年
◆濱田陽「第二部　十二支動物と日本文化の時空の旅　辰　想う、自然の聖霊」『日本十二支考――文化の時空を生きる』中央公論新社、二〇一七年

◆汪義翔「中国文明のシンボル――龍の起源と継承」『比較文明』第三十六号、比較文明学会、行人社、二〇二一年

〈参考Webページ〉

◆信州小布施・北斎館ホームページ　https://hokusai-kan.com/collection/higashimachi/
◆Baidu 百科「査海遺址」石堆塑龙（一九九四年）https://baike.baidu.com/item/ 査海遺址　掲載画像

第七章　時空、名前、人生は一か多か

◆百年社編『日本の暦大図鑑』新人物往来社、一九七八年
◆アレクサンドル・グロタンディーク『数学者の孤独な冒険――数学と自己発見への旅』〈新装版〉辻雄一訳、現代数学社、二〇一五（一九八六）年
◆小倉紀蔵『創造する東アジア――文化・文明・ニヒリズム』春秋社、二〇一一年
◆岡田芳郎他編『暦の大事典』朝倉書店、二〇一四年
◆中牧弘允『世界の暦文化事典』丸善出版、二〇一七年
◆加藤文元『宇宙と宇宙をつなぐ数学――IUT理論の衝撃』KADOKAWA、二〇一九年
◆西郷甲矢人・能美十三『圏論の道案内――矢印でえがく数学の世界』技術評論社、二〇一九年
◆이어령『한국인의 이야기』파람북、二〇二〇년（李御寧『韓国人物語』パラムブック、二〇二〇年）
◆小倉紀蔵「暴力としての歴史認識」『東アジアの尊厳概念』加藤泰、小倉紀蔵、小島毅編、法政大学出版局、二〇二一年

第八章　若水と新年

◆ニコライ・ネフスキー『月と不死』岡正雄編、東洋文庫、一九七一（一九二八）年
◆宮本常一『民間暦』講談社学術文庫、一九八五年
◆萩原秀三郎『豊穣の神と家の神』東京美術、一九八八年
◆柳田國男「新たなる太陽」『柳田國男全集16』ちくま文庫、一九九〇（一九五六）年
◆折口信夫「若水の話」『折口信夫全集2』中央公論社、一九九五（一九二九）年
◆濱田陽「第三部　よみがえる時空と文化学」『日本十二支考――文化の時空を生きる』中央公論新社、二〇一七年

第九章　生なる死

◆レフ・トルストイ『人生論』米川正夫訳、角川文庫、一九五八（一八八七）年
◆ウィリアム・ジェイムズ『宗教的経験の諸相』上・下、桝田啓三郎訳、岩波文庫、一九六九、一九七〇（一九〇二）年
◆レイチェル・カーソン『センス・オブ・ワンダー』上遠恵子訳、新潮社、一九九六（一九六五）年
◆アリストテレス「詩学」『アリストテレース詩学・ホラーティウス詩論』松本仁助、岡道男訳、岩波文庫、一九九七年
◆ヤンチェン・ガロ『ゲルク派版　チベット死者の書』平岡宏一、ラマ・ロサン・ガンワン訳、学研プラス、二〇〇一年

◆ルドルフ・オットー『聖なるもの』久松英二訳、岩波文庫、二〇一〇（一九一七）年
◆Harari, Yuval Noah. *Homo Deus: A Brief History of Tomorrow*. Harvill Secker, 2015（ユヴァル・ノア・ハラリ『ホモ・デウス――テクノロジーとサピエンスの未来』（上）（下）、柴田裕之訳、河出書房新社、二〇一八）
◆川勝平太「十三世紀日本の軸の思想――親鸞を中心に」『楕円の日本――日本国家の構造』山折哲雄、川勝平太、藤原書店、二〇二〇年
◆山折哲雄『生老病死』KADOKAWA、二〇二一年

〈参考Webページ〉

◆[김지수의 인터스텔라] 이어령 마지막 인터뷰 "죽음을 기다리며 나는 탄생의 신비를 배웠네"（「キム・ジスのインターステラ」イ・オリョン最後のインタビュー「死を待ちながら私は誕生の神秘を学んだね」）『朝鮮日報』二〇一九年一〇月一九日

第十章　新たなる時空

◆アレクサンドル・グロタンディーク『数学者の孤独な冒険――数学と自己発見への旅』〔新装版〕辻雄一訳、現代数学社、二〇一五（一九八六）年（フランス語原文PDF版との相違箇所が部分的に存在）

〈参考Webページ〉

◆Alexandre GROTHENDIECK, RECOLTES ET SEMAILLES: Réflexions et témoignage sur un passé de mathématicien, 1986（https://www.quarante-deux.org/archives/klein/prefaces/Romans_1965-1969/Recoltes_et_semailles.pdf）

＊本研究は、様々な学問分野の日本及び海外における先達、師、同僚、専門家による研究蓄積、示唆に多くを負っており、その一部を記載している。

また、内容の推敲過程で、大学で講義を受講してくれた、多様な学部学科専攻に所属する数多くの学生、留学生の一人ひとりの存在が大きかった。

初出一覧

各章成立には、抜本的な加筆修正を行った。

第一章　存在と時空　第二章　生命と文化の時空

「存在と時空」『未来哲学』第二号、未来哲学研究所、ぷねうま舎、二〇二一年五月

第三章　人影の人工知能

「人工知能の急速な普及で人の幸福感や生老病死の苦はいかに変わるのか」『月刊住職』二〇一九年正月号（Vol.534）、興山舎、二〇一九年一月

第四章　生きとし生ける米

「生きとし生ける米――現在と過去の共存による再生の未来のために」『共存学3　復興・地域の創生、リスク世界のゆくえ』國學院大學研究開発推進センター・古沢広祐編、弘文堂、二〇一五年二月

「複数的宗教文化と日本意識の開放」『国際日本学』第13号（国際日本学シンポジウム「〈日本意識〉の過去・現在・未来」二〇一四年七月二六日、報告特集）、法政大学国際日本学研究所、二〇一五年一二月

＊同シンポジウムへの招聘は王敏法政大学教授（現・名誉教授）の推薦による。

第五章　見えざる矛盾、新型ウイルス
「見えざる矛盾――新型コロナウイルスは文化、文明において、いかなるメタファーとなりうるか」『比較文明』第三六号（特集「過渡的状況と比較文明――パンデミックとアカデミック」）、比較文明学会、行人社、二〇二一年三月

第六章　自然、生きものの豊饒――龍と龍鱗
「龍鱗、その豊穣たる世界」『鱗の博物誌』田畑純他編、グラフィック社、二〇二〇年一〇月

第七章　時空、名前、人生は一か多か
「時空、名前、人生は一か多か」、国際日本文化研究センター共同研究「近代東アジアの風俗史」（研究代表者、井上章一・斎藤光）、研究報告、二〇二〇年一〇月三日

第八章　若水と新年　書き下ろし

第九章　生なる死
「生なる死――文化、文明再生の礎」『比較文明』第三四号（特集「死と再生」）、比較文明学会、行人社、二〇一八年一一月

第十章　新たなる時空　書き下ろし

結序章　人知を超えるものの生なる死　書き下ろし

こころのアンセム

本書が成ったのは、恩師、友、編集者、伴侶、特別な人と過ごした大切な時間のおかげだ。それはもちろん、大切な空間の記憶と結びついている、まさに、生命と文化の時空だった。

その時と場所は、同じようには戻ってこない。大切な人びとも、今、この瞬間、どのように過ごしているか、わからない。すばらしいひとときには、よろこびもまちがいもあったけれど、汲めども尽きせぬ意味があった。ただ過ぎ去るままにするのではなく、そのままを未来につなげようとするのでもなく、感謝の賛歌《アンセム》を、こころのなかの人に捧げたい。

恩師は、はじまりのはじまり、そのもののような人だ。いつも新たなイメージ、言葉が星のごとくこころにふりそそぎ、自由の文化を、世界に証し続ける存在だ。そして、今、咲いた花のような言葉をもつ伴侶の御方も合わせて恩師だ。

友は、学び合い、お互いを大きく変える存在だ。離れていても影響し、出会いは閉じられず、傷を乗り越え、外の世界に開かれ、広がっていくことを願い合う。最後の「おわりのおわり」は、古い、新しい、これからの友、互いに学生でありうる友、そして、そのご家族を思い浮かべながらも記している。

編集者は、ほとんどの人が気づかない文章を読み、自ら訪ねてきて、本をつくりましょうと声をかけてくれる。この世にその一冊が現れる兆しもないときから、未来を垣間見てくれる存在だ。書くことと読むことの渓谷に惜しみなく橋を架け、文化を築いている。

伴侶は、せせらぐ小川のように、イメージという生きもの、言葉という小石に、新鮮な動きをもたらしてくれる存在だ。ときにその支流は、自ら言葉、イメージを生んで、アメイジングな創造力を発揮し、より良い考えを与えてくれる。

完成に近づいた頃、グラフィック・デザイナーと知り合い、本書にとって大切な人となっている。生まれたての時空で、何かがこころに現れてくる楽しさを受けとめ、そよ風のなかで自然なたたずまいをもたらしてくれる。

特別な人は、そのときによって、まったく違う姿で思いがけず来訪する、人知を超える存在だ。友のようで、家族のようで、知らない人の姿をしている。そして、友、来歴と出会いの家族、未知なる人を、このこころにとどめてくれる。

大切な人びととの日々はデータのようには保存できない。けれども、忘れ去ってしまうのではない。その時々に、今に不可能なことを、深淵を越え、いつか可能とする力になってくれる。

本書出版に関わってくださった方々

校正提言・韓国語表記　李珦淑　Hyangsug Lee
英語表現　ジョン・ロブレグリオ　John LeBreglio
フランス語表現　シッシュ・ディディエ　Didier CHICHE
ブックデザイン　鈴木千佳子　Chikako Suzuki
組版　矢部竜二　Ryuji Yabe
編集　中川和夫　Kazuo Nakagawa

（敬称略）

濱田 陽

はまだ・よう

1968（戊申《つちのえさる》）年生まれ。文化学者。京都大学法学部卒、京都大学大学院人間・環境学研究科文化・地域環境学専攻で博士号を取得。マギル大学宗教学部客員研究員、国際日本文化研究センター講師等を歴任し、帝京大学文学部教授。国際日本文化研究センター共同研究員、法政大学国際日本学研究所客員所員等。著書に『共存の哲学——複数宗教からの思考形式』（弘文堂、2005年）、『日本十二支考——文化の時空を生きる』（中央公論新社、2017年）ほか。

生なる死

よみがえる生命と文化の時空

2021年10月25日 第1刷発行

著　者　濱田 陽

装幀者　鈴木千佳子

発行者　中川和夫

発行所　株式会社 ぷねうま舎

〒162-0805 東京都新宿区矢来町122 第二矢来ビル3F

電話 03-5228-5842　ファックス 03-5228-5843

http://www.pneumasha.com

印刷・製本　株式会社ディグ

ISBN 978-4-910154-24-4　Printed in Japan